AF532844

Martin Ebner

Und er stieg auf den Berg

Martin Ebner

Und er stieg auf den Berg

Wandern mit dem Matthäusevangelium

Tyrolia-Verlag · Innsbruck-Wien

Für Sonja, Edith,
Maria, Christa, Doris, Anna,
Sepp, Georg, Monika, Hildegard, Rolf,
Matthias, Brigitte, Marie-Christin,
Annika, Waltraud

Inhalt

Wie dieses Buch entstanden ist und wie man es verwenden kann

Dieses Buch ist die Frucht einer Bibel-und-Wandern-Woche im Wipptal bei Innsbruck im Sommer 2021. Jeder Tag stand unter dem Thema einer der sieben Bergerzählungen des Matthäusevangeliums. Die Wanderführerin, *Frau Dr. Waltraud Juranek,* hat dazu jeweils eine passende Route ausgewählt:

- für den Versuchungsberg einen Gipfel mit einem traumhaften Rundblick (bei schönem Wetter!)
- für die Seligpreisungen einen Weg durch bunte Wiesen und helle Täler
- für den Rückzugsberg abgelegene Pfade durch eine stille Gegend
- für den Elendsberg einen steilen Anstieg
- für den Verklärungsberg einen Gipfel mit strahlenden Felsen
- für den Ölberg einen dunklen Waldweg
- für den Sendungsberg schließlich erneut einen imposanten Gipfelblick mit Aussicht auf viele Täler, Orte und Straßen

Nicht immer hat das Wetter mitgespielt, aber wir waren flexibel. Nachdem der Tag des Verklärungsbergs hoffnungslos verregnet war, es am Abend jedoch aufhellte, sind wir dann noch einmal losgefahren und haben etwas Unvergessliches erlebt: lichtdurchflutete Wolken über den Berggipfeln, die die Sonnenstrahlen nur so zerstäubten. Schöner konnte man nicht erleben, was eine „lichte Wolke“ (vgl. Mt 17,5) bedeuten kann.

Durchgeführt wurde die Bibel-und-Wandern-Woche mit 15 Teilnehmerinnen und Teilnehmern. Aber man kann dieses Buch auch für Solowanderungen oder kleine Freundesgruppen verwenden und dafür diejenigen Elemente auswählen, die passen. Vom Format her lässt sich das Büchlein leicht in den Rucksack stecken – und ist so als spiritueller Begleiter immer griffbereit. Einen Stift zum Schreiben nicht vergessen!

Die einzelnen Kapitel folgen in ihrem Aufbau unserem Tagesplan, wie er sich im Rückblick bewährt hat. Am frühen Morgen haben wir uns in der Kapelle des Bildungshauses St. Michael in Matrei am Brenner getroffen, um Ausschnitte aus einem Psalm zu hören, der auf das Tagesthema einstimmen sollte (1. Einstieg in den Tag). Der Text wurde zweimal langsam vorgetragen – und dann konnte, wer wollte, einzelne Wörter oder einen Satz, der zu Herzen gegangen ist, noch einmal laut vor allen wiederholen, ohne Kommentar. So wurde der Psalm in seinen unterschiedlichen Facetten noch einmal hörbar – und wir erfuhren gleichzeitig voneinander, was uns bewegt und wichtig ist.

Nach dem Frühstück sind wir aufgebrochen und haben nach der Ankunft auf dem jeweiligen Parkplatz zuerst einen ruhigen Ort gesucht, an dem wir uns den Berg-Text aus dem Matthäusevangelium (2. Berg-Text) vortragen ließen. Bewährt hat sich, den Text mit einer kleinen Hinführung zu verbinden (3. Impuls beim Abmarsch), dann ein zweites Mal zu lesen, bevor einige Impulsfragen in den Raum gestellt wurden. Der Berg-Text zusammen mit den Impulsfragen wurde an alle ausgeteilt – und ist so den ganzen Tag mitgewandert.

Für den Gipfel bzw. den Höhepunkt der Wanderung wird ein Gipfelgebet bzw. ein Lied vorgeschlagen (4. Gipfelgebet), das – je nach Stimmung – gleich zu Beginn oder erst nach einer Jausenpause vorgetragen bzw. gemeinsam gesungen werden kann. Auf jeden Fall sollte noch Zeit bleiben, damit jede und jeder sich ein paar Gipfelgedanken in das Wanderbuch auf der leeren Seite (5. Meine Gipfelgedanken) eintragen kann: wichtige Gedanken, die einem – angestoßen durch den jeweiligen Berg-Text – durch den Kopf gegangen sind. Es hat sich gezeigt, dass das unglaubliche Schätze sind, die leicht verloren gehen, wenn sie nicht aufgeschrieben werden.

Zurück im Bildungshaus haben wir uns nach einer Ruhepause fachkundig-intensiv mit dem Tagestext beschäftigt. Die exegetische Vertiefung, die unter Punkt 7 zu finden ist, kann in freier Auswahl eingesetzt werden: zum persönlichen Vertiefen, zum Austausch untereinander oder auch zum Vortrag vor der Gruppe. Zu den Seligpreisungen wird u. a. eine Gruppenarbeit vorgeschlagen, die deren Sinn im Kontext des Matthäusevangeliums nachgeht. Für die Verklärungserzählung können einfach einige alttestamentliche Hintergrundtexte nach- bzw. vorgelesen werden, um dann gemeinsam zu überlegen, welche Tiefendimensionen die Erzählung bekommt, wenn sie in den Echoraum des Alten Testaments gestellt wird. Für die Ölbergszene ist ein synoptischer Vergleich vorgesehen. Wir haben schlicht Vers für Vers die Version des Markusevangeliums mit dem verglichen, was der Matthäus-Evangelist daraus macht und welche anderen bzw. neuen Akzente er setzt. Wichtig ist uns vor allem geworden, allmählich zu erkennen, wie die Bergerzählungen im Matthäusevangelium zusammenhängen und wie sie sich gegenseitig beleuchten.

Als vertiefende Lektüre sei auf den prägnanten Kommentar zum Matthäusevangelium von Matthias Konrad hingewiesen (Verlag Vandenhoeck, Göttingen 2015). Wer speziell zum Aufbau des Evangeliums, zu seiner Entstehungsgeschichte sowie der Gruppe und ihrem jüdischen Umfeld, die hinter dem Matthäusevangelium zu erkennen ist, mehr erfahren möchte, kann sich das entsprechende Kapitel in der von Stefan Schreiber und mir herausgegebenen „Einleitung in das Neue Testament" (Verlag W. Kohlhammer, Stuttgart [3]2020, S. 130–157) vornehmen.

Am Abend haben sich viele von uns dann noch bei Bier und Wein zusammengesetzt. Und auch das war eine Gelegenheit, sich über die Eindrücke des Tages auszutauschen, gerade auch über das Ineinander von biblischem Text und den Erfahrungen bei der Bergwanderung. Die Teilnehmenden haben sich im Feedback gewünscht, dass dieser Austausch noch gezielter hätte angestoßen werden können. Für das vorliegende Buch habe ich jeweils einen kurzen Text für den Tagesausklang ausgesucht, manchmal auch mehrere (6. Tagesausklang).

Zum Abschluss haben wir miteinander einen Gottesdienst gefeiert, bei dem der Text des Sendungsberges sowie einer seiner alttestamentlichen Bezugstexte im Zentrum stand.

Was mich und uns alle besonders berührt hat, war die wirklich überraschende Erfahrung, dass in wenigen Tagen Menschen, die sich vorher überhaupt nicht gekannt haben, zusammenwachsen können, einander wertschätzen lernen, ungeheuer viel voneinander erfahren und dann auch mittragen – in der Tiefe vermutlich angeregt durch die gemeinsame Konzentration auf biblische Texte und deren so lebenskluge wie befreiende Botschaft.

Die Widmung möchte diese gute Erinnerung festhalten.

Für tatkräftige Unterstützung auf dem Weg zur Drucklegung sage ich großen Dank Gabi und Paul Weininger, Mainburg, sowie Klara Posch, Franz Kogler und Reinhard Stiksel vom Bibelwerk Linz.

Schweinfurt, am Fest der Verklärung 2022

Martin Ebner

BERGE BESTEIGEN, BESTAUNEN – UND LESEN

Eine Einführung in die Bergwelt der Bibel

Berge faszinieren die Augen – schon immer. Eine Faszination für die Füße wurden sie erst seit dem 19. Jahrhundert. Da wird das Bergsteigen allmählich zum Breitensport. Begonnen hat es in der Schweiz: Die ersten Alpenvereine werden gegründet, Wege erschlossen und Hütten gebaut. In der Zeit davor hat man die Gipfel der Berge nur von unten bewundert. Die Besteigung des Ätna durch Kaiser Hadrian 125 n. Chr. oder gar die Erstbesteigung des 1912 Meter hohen Ventoux in der Provence im Jahr 1336 bleiben absolute Ausnahmen. Die Gipfel der Berge waren tabu. Und das hat seinen Grund.

Berge als Wohnsitz für die Götter – und ihre Hausberge

In der Alten Welt sind die Gipfel der Berge den Göttern reserviert. In der jüdisch-christlichen Bibel genauso wie in der „Bibel" der Griechen und Römer, der Ilias und Odyssee. Der Göttervater Zeus hat seinen Palast auf dem Olymp und dorthin lädt er auch die anderen Götter und Göttinnen zur Versammlung ein. Und von dort steigen die Götter herunter auf die Erde und zeigen sich den Menschen in Tier- oder Menschengestalt. Besonders gern besuchen sie die kleineren Anhöhen, wo ihnen auf Altären Opfer dargebracht werden. Für die einzelnen Götter gibt es sozusagen „Hausberge", Höhenheiligtümer, wo sie besonders verehrt werden und von wo aus sie ihrerseits die Menschen beobachten.

Das ist eine gemeinantike Vorstellung, die sich prinzipiell so auch in der Bibel findet. Der Gottesberg wird im Alten Testament mit dem einen und einzigen Gott in Verbindung gebracht. Der Berg ist Ort der Gottesbegegnung, Ort für den Offenbarungsempfang, in der apokalyptischen Literatur (ab dem 3. Jahrhundert v. Chr.) umgekehrt auch Ausgangspunkt für literarische Himmelsreisen mit Schilderung der himmlischen Wohnungen.

Auch im Alten Testament hat der eine und einzige Gott einen Hausberg, einen speziellen Wohnort, wo er – zwischen den Cherubim – unsichtbar thront und von den Menschen verehrt wird. Das ist der Tempelberg in Jerusalem, auch Zionsberg genannt. Es ist kein sehr hoher Berg, ganz im Gegenteil, eher ein kleiner Hügel, von anderen scheel angeschaut, die sich fragen: Wie kann sich der große Gott einen so kleinen Hügel als Verehrungsberg auswählen (vgl. Ps 68,17)? Der eine und einzige Gott reist von seinem hohen Gottesberg, den wir unter dem Namen „Sinai" kennen, zu diesem eher bescheidenen Hausberg-Heiligtum in Jerusalem. In Ps 68,18 heißt es: „Die Wagen Gottes sind zahllos, tausendmal tausend. Vom Sinai zieht der Herr zu seinem Heiligtum."

Bekannte Berge im Alten Testament

Im Alten Testament wird von vielen weiteren Bergen erzählt. Sie alle sind mit bestimmten Erzählungen verbunden. Der Name genügt – und sofort stellen sich entsprechende Assoziationen ein, stehen Personen und Handlungen vor Augen.

- Hören wir den Bergnamen „Karmel", denken wir sofort an das Gottesurteil, mit dem der Prophet Elija die Baalspriester herausfordert (vgl. 1 Kön 18,20–40).
- Der Berg Tabor in der Jesreelebene ist mit den Namen Barak, Sisera und Debora sowie der Schlacht gegen die Kanaanäer verbunden (vgl. Ri 4 – 5). Erst von Origenes und Eusebius im 3. Jahrhundert n. Chr. wird der Berg der Verklärung Jesu mit dem Tabor identifiziert. Nachdem sich Jesus aber gemäß Mk 8,27 gerade im äußersten Norden Israels in den Dörfern bei Cäsarea Philippi aufhält, wäre der Hermon (vgl. Ps 89,13), dessen Schneekuppe man oft noch vom See Gennesaret aus sehen kann, dafür geografisch viel näher gelegen.
- Der Berg Nebo im Ostjordanland ist mit Mose verknüpft, der von dort aus vor seinem Tod wenigstens noch mit seinen eigenen Augen ins Gelobte Land *schauen* darf (Dtn 34,1–6).
- Die beiden Berge Ebal und Garizim in Samaria, zwischen denen die Stadt Sichem (heute: Nablus) liegt, sind mit den Segens- und Fluchsprüchen verbunden, die von dort aus über alle ausgerufen werden, die die Gebote Gottes halten bzw. nicht halten (vgl. Dtn 11,29; 27,11–26; 28,1–68).
- Über den Ölberg flieht König David vor seinem Sohn Abschalom, der gegen ihn eine Palastrevolte angezettelt hat (vgl. 2 Sam 15).

- Besonders bekannt ist der Berg Morija, wo die „Prüfung bzw. Erprobung“ Abrahams stattfindet: Gott fordert, ihm seinen Sohn Isaak als Opfer darzubringen (vgl. Gen 22). Genau genommen handelt es sich um das „Land“ Morija; der Berg des Opfers wird Abraham von Gott zwar genannt und gezeigt, aber seine Lokalität im Text nicht genauer spezifiziert: eine offene Stelle, die später „ausgefüllt“ werden kann. Gemäß 2 Chr 3,1, einer sehr jungen Schrift aus dem 3. Jahrhundert v. Chr., wird der Tempel Salomos auf dem „Berg Morija“ errichtet.
- Der bekannteste aller Berge im Alten Testament dürfte der Berg Sinai sein, der Berg der Gesetzgebung (vgl. Ex 19).

Die Theologie der Berge – und der Streit darüber

Nicht alle diese Berge, wie an „Morija“ zu sehen, sind eindeutig auf der Landkarte zu finden. Sie sollen vielleicht gar nicht gefunden werden, weil das, was auf ihnen geschieht, eher Modelle für Glaubenshaltungen sind, die man auf andere Orte, auf andere Situationen und Zeiten übertragen kann. Manchmal entzündet sich an Bergen sogar theologischer Streit darüber, wer diesen Ort für sich in Anspruch nehmen kann. Die mit dem jeweiligen Berg in den Erzählungen des Alten Testaments verbundene Theologie ist also das Interessante. Dafür möchte ich zwei Beispiele herausgreifen, die wir anschließend auch als Hintergrund für die Berge im Matthäusevangelium brauchen.

Der Gottesberg Horeb – eine „Einöde"?

Der Berg Sinai, Berg der Gottesbegegnung und der Gesetzgebung, hat in den ersten fünf Büchern Mose noch einen zweiten Namen: Horeb. Wie es dazu kommt und wie die beiden Bergnamen zu koordinieren sind, war schon immer ein Rätsel. Nach neuesten Forschungen scheint folgende Erklärung besonders plausibel: Horeb, wie vor allem im Buch Deuteronomium der Ort genannt wird, von dem aus Gott seine Gebote gibt (vgl. Dtn 1,6), ist ein sprechender Name und bedeutet wörtlich „Einöde". Die bekannteste mit dem „Horeb" verbundene Szene ist diejenige, in der Mose, der die Schafe seines Schwiegervaters Jitro in der Wüste Midian weidet, zum Gottesberg Horeb kommt und dort den Dornbusch sieht, der brennt, aber nicht verbrennt. Wörtlich müsste man an der Stelle übersetzen: „… und kam zum Gottesberg Einöde (*horeb*)" (Ex 3,1). Oder bei der Gesetzesverkündigung in Dtn 1,6: „Der HERR, unser Gott, hat in der Einöde (*horeb*) zu uns gesagt …".

Der Gottesberg als Einöde? Wie soll man sich das vorstellen? Rufen wir uns ins Gedächtnis: Auf dem Gottesberg wird immer auch das Haus Gottes imaginiert. Insofern ist das, was vom Gottesberg erzählt wird, auch ein Spiegel für den sichtbaren Thronpalast, für die irdische, kultische Wohnstätte JHWHs, also in diesem Fall für den

Tempelberg in Jerusalem. Ein Gottesberg-Tempel als „Einöde", auf dem Dornen und Disteln wachsen? Was steht vor Augen?

Dafür muss man nur ein wenig in den Prophetenbüchern schmökern. Da wird nämlich angedroht, was passiert, wenn Israel nicht auf die Weisungen Gottes hört:

> Darum wird um euretwegen [gemeint sind bestechliche Herrscher und Richter] Zion zum Acker, den man umpflügt. Jerusalem wird zu einem Trümmerhaufen, der Tempelberg zu überwucherten Höhen. (Mi 3,12; vgl. auch Jes 5,6; Hos 10,8)

Mit dem Gottesberg „Einöde" steht den Hörenden und Lesenden also das zerstörte Heiligtum, der Zionsberg, auf dem Disteln und Dornen wachsen, vor Augen: also die Szenerie, wie sie nach der Zerstörung des Tempels durch Nebukadnezar 587 v. Chr. und der Exilierung der priesterlichen Aristokratie von Juda nach Babylon tatsächlich eingetreten ist.

Wenn dann Mose im Buch Deuteronomium dem Volk Israel noch einmal die Worte zu Gehör bringt, die Gott am Berg „Einöde" an sie gerichtet und dadurch den Bund mit ihnen geschlossen hat, dann wird damit erzählerisch folgende Theologie zum Ausdruck gebracht: Hier auf dem verödeten Tempelberg beginnt Gott von Neuem seine Geschichte mit dem Volk Israel. Seine Weisungen und Gebote werden „uns, die wir heute hier stehen" (Dtn 5,3) ein zweites Mal ans Herz gelegt. Das ist wie Wärme und Licht, das brennt, ohne zu verbrennen; so zeigt sich

Gott, der auf Israel (wie auf Mose) neue Faszination ausüben will.

Der Gottesberg Sinai – und der Kult

Erstes Beispiel: Ganz anders die Theologie der sogenannten Priesterschrift, wonach die Zehn Gebote am Gottesberg Sinai erlassen werden, zu lesen im 2. Buch Mose, dem Exodus. Diese Erzählung in Ex 19 – 20 spiegelt einen völlig intakten Kultbetrieb und die präzise Tempelordnung wider.

Bei der Fixierung auf die Zehn Gebote in Ex 20,1–17 wird nämlich meistens überlesen, dass Gott zuvor in Kapitel 19 ganz genaue Anweisungen gibt, wer am Gottesberg Sinai bis wohin gehen darf und wer mit wem redet. Es gibt also abgegrenzte Zonen und genau abgesteckte Kommunikationswege.

Nur Mose (und besonders Auserwählte) dürfen auf den Berg hinaufgehen. Gott steigt dann vom Himmel auf den Berggipfel herunter – und spricht aus einer Wolke mit Mose. Der wiederum übermittelt Gottes Weisungen an das Volk. Um diese Art der Weitergabe hat das Volk ihn eindringlich gebeten (vgl. Ex 20,19). Direkt zum Volk spricht Gott eigentlich nur in der Verkündigung der Zehn Gebote. In Vorbereitung dazu gibt Gott in Ex 19 aber zuallererst Anweisungen über die Aufstellung der Personen:

> 12 Zieh um das Volk eine Grenze und sag: Hütet euch, auf den
> Berg zu steigen oder auch nur seinen Fuß zu berühren! Jeder,
> der den Berg berührt, hat den Tod verdient. … 21 Da sprach der
> Herr zu Mose: Geh hinunter und schärfe dem Volk ein, sich
> nicht an den Herrn heranzudrängen, um zu schauen, sonst
> müssen viele von ihnen umkommen. 22 Auch die Priester, die
> sich dem Herrn nähern, müssen sich geheiligt haben, damit
> der Herr in ihre Reihen keine Bresche schlägt. 23 Mose entgeg-
> nete dem Herrn: Das Volk kann nicht auf den Sinai steigen.
> Denn du selbst hast uns eingeschärft: Zieh eine Grenze um den
> Berg und erklär ihn für heilig! (Ex 19,12.21–23)

Es gibt also abgegrenzte Zonen: Oben, auf dem Gipfel des Berges, ist Raum für Mose – und für speziell Erwählte (vgl. Ex 19,24: Aaron; Ex 24,1: Älteste). Unten, durch eine sichtbare Grenze streng vom heiligen Bezirk des Berges ferngehalten, steht das Volk. Die Priester dagegen dürfen sich dem Herrn *nähern*. Beide Gruppen müssen sich – auch in den äußeren Zonen – an strenge Reinheitsvorschriften halten, die Kleider waschen bzw. sich sexuell enthalten (vgl. Ex 19,14–15).

Diese Zonen für bestimmte Gruppen des Gottesvolkes, die hier samt dafür geltenden Reinheitsvorschriften eingeschärft werden, entsprechen in Kombination mit den detailliert erzählten Kommunikationsvorgängen exakt der kultischen Ordnung des Tempels in Jerusalem. Das Allerheiligste, den innersten und heiligsten Raum des Tempels, darf allein der Hohepriester einmal im Jahr betreten, um dort den Sühneritus für ganz Israel zu vollziehen (vgl. Lev 16). Dort wird Gott als anwesend gedacht.

Nur der Hohepriester darf ihm – ähnlich wie Mose in der Sinai-Erzählung – unmittelbar begegnen. Alle anderen müssen sich in einem bestimmten Abstand davon aufhalten: Die Priester dürfen unter Einhaltung strenger Reinheitsvorschriften im restlichen Tempelhaus (vgl. Zacharias in Lk 1,9) sowie am Opferaltar vor dem Tempel ihren Dienst versehen. Davon streng getrennt ist das jüdische Volk: Männer müssen außerhalb des Altarraums bleiben, der außerdem durch eine steinerne Schranke abgeschirmt wird. Für Frauen ist ein eigener Vorhof vorgesehen, in dem sie lediglich durch ein Tor das Geschehen am Altar beobachten können. Für Nicht-Juden ist der Zutritt zum gesamten Tempelbereich strengstens verboten; zur Zeit Jesu ist für sie jedoch ein großräumiger Außenbereich vorgesehen, „Vorhof der Heiden" genannt, den Herodes der Große hat errichten lassen.

Wie in der Sinai-Erzählung die Weisungen Gottes über Mose dem Volk vermittelt werden, so ist es die vornehmste Aufgabe des Hohepriesters (zur Zeit Jesu zusammen mit dem Ältestenrat und „dem Propheten"), den Gotteswillen für „neue" Fälle zu eruieren, für die es noch keine Vorschriften gibt (vgl. 1 Makk 4,44–46), und dann als Gebot *Gottes* zu verkünden. Nach der Tempelzerstörung haben diese Aufgabe die Schriftgelehrten übernommen, die sich gemäß Mt 23,2 „auf die Kathedra des Mose gesetzt haben".

Auch die Begleiterscheinungen, die als Ankündigung für die unmittelbare Gottesrede am Sinai erzählt werden, erinnern an typische Elemente aus dem Tempelkult: der

Hörnerschall (vgl. Ex 19,16.19; 20,18) an das Blasen des Schofarhorns, mit dem der Beginn oder das Ende von festlichen Gottesdiensten markiert wird (vgl. Ps 81,4). Die Wolke über dem Sinai samt dem Rauch, der vom Berg aufsteigt (vgl. Ex 19,16.18; 20,18), können den kräftigen Einsatz von Weihrauch im Tempelkult assoziieren, besonders dann, wenn der Hohepriester zur Gottesbegegnung das Allerheiligste betritt. Dann nämlich „soll die Wolke des Räucherwerks die Sühnplatte über der Lade einhüllen" (Lev 16,13).

Insofern verweisen die Schilderungen vom Gottesberg Sinai im Buch Exodus nicht auf einen zerstörten, sondern auf den (wieder) intakten Tempel von Jerusalem – und vor allem auf die dort geltende Ordnung: die klar abgegrenzten Zutrittsbereiche und Rangfolgen, Aufgaben und Kompetenzen sowie die liturgischen Vorgänge, wie sie unterschiedlichen Personengruppen im Kultbetrieb vorbehalten sind.

Und noch etwas fällt auf: Der Berg Sinai wird in der Wüstenerzählung ganz weit weg vom Gelobten Land verortet. Im Hintergrund dürfte stehen: Priesterliche Kreise kommen nach dem Exil aus Babylon zurück und stellen den Anspruch, den Tempel im Sinn Gottes neu zu organisieren. Mit der Erzählung von der göttlichen Gesetzgebung am weit entfernten Sinai sagen sie ganz vorsichtig: Ebenfalls weit weg, im Ausland Babylon, waren *wir* die Adressaten der Gesetzgebung Gottes, die wir jetzt – ähnlich wie die Wüstengeneration – mit in die Heimat bringen.

Die konkrete Identifizierung des Berges Sinai mit dem Berg Dschebel Musa im Süden der arabischen Halbinsel lässt sich erst ab dem 4. Jahrhundert bei christlichen Mönchen belegen.

Wo ist der richtige Ort der Gottesverehrung?

Zweites Beispiel: Zunächst gibt es überall in Israel Opferstätten für JHWH. Ab dem 8. Jahrhundert v. Chr. jedoch lässt sich eine Kultzentralisierung nach Jerusalem beobachten, die gemäß 2 Kön 22 – 23 von König Joschija auch ausdrücklich angeordnet wird. Für den einen und einzigen Gott soll es nur einen einzigen Ort auf Erden geben, an dem er wohnt und an dem ihm geopfert wird, eben den Zionsberg. Die Priester, die über das Land verteilt leben, sollen und müssen zweimal im Jahr für eine Woche nach Jerusalem ans Zentralheiligtum kommen, um dort den Opferdienst zu versehen. Das setzt sich allmählich auch so durch (vgl. Zacharias in Lk 1,8).

Allerdings gibt es eine hartnäckige Störung: das Heiligtum der Samaritaner auf dem Berg Garizim – ein uraltes Heiligtum mit einem Opferaltar, das sich dieser Kultzentralisierung widersetzt. Darüber entbrennt ein theologischer Streit: Darf es ein zweites Heiligtum geben, eine zweite Verehrungsstätte für den einen und einzigen Gott? Welcher Tempel ist der rechtmäßige: der in Jerusalem oder der auf dem Garizim?

Der Streit wird auch über die heiligen Texte geführt, indem sie umgeschrieben werden, und zwar auf beiden

Seiten: von den Jerusalemer Priestern bzw. Schriftgelehrten genauso wie von den samaritanischen.

Gemäß den ältesten Handschriften wird in Dtn 27,4 von Gott angeordnet, dass das Volk Israel, wenn es ins verheißene Land kommt, den ersten Altar für JHWH auf dem Berg Garizim (in Samaria) errichten soll, also den Ur-Altar für JHWH. Als die Spannungen zwischen Jerusalem und Samaria ab dem 4. Jahrhundert v. Chr. unter den Ptolemäern immer größer werden, weil beide Seiten um Privilegien und finanzielle Zuwendungen besonders für den jeweils eigenen Tempel rivalisieren, greift die judäische Seite in den bis dahin gemeinsamen und gleich lautenden Text der fünf Bücher Mose ein – und schreibt das Gebot der Errichtung des ersten Altars auf dem Berg Garizim einfach um: Er soll nicht auf dem Garizim (Berg des Segens), sondern auf dem Berg Ebal (Berg des Fluches) errichtet werden. Fast eine widersinnige Anweisung. An einem Ort des Fluches sollte kein Altar stehen! Aber genau daraus ergibt sich für die Jerusalemer Priester als Konsequenz: Der richtige und einzig legitime Altar Gottes sollte an einem *anderen* Ort stehen, eben in Jerusalem. Damit verschwindet der Berg Garizim als der von Gott ursprünglich gebotene Standort für seinen ersten Altar im Gelobten Land aus der heiligen Überlieferung – jedenfalls in der Tradition des Jerusalemer Tempels und seiner Schriftgelehrten (und zum Teil bis in unsere heutigen Bibelübersetzungen).

Aber das ist nur die eine Seite. Denn die Samaritaner reagieren darauf: Sie ändern das 10. Gebot des Dekalogs in ihrer Handschrift der fünf Bücher Mose. Gemäß dieser Textüberlieferung besagt dieses von Gott selbst erlassene Zehntafel-Gebot in der samaritanischen Überlieferung ab sofort, dass Gottes Heiligtum auf dem Garizim errichtet werden soll.

Von judäischer Seite aus folgt der literarischen Verunglimpfung durch den bewusst veränderten heiligen Text um 111 v. Chr. die entsprechende militärische Aktion: Der Hasmonäerkönig Johannes Hyrkan zerstörte das Heiligtum auf dem Berg Garizim. Aber er ist trotzdem Verehrungs- und Anbetungsort für die Samaritaner geblieben. Bis heute schlachten sie dort die Lämmer für das Paschafest.

Es waren vor allem die Textfunde in Qumran, die diesen mit Buchstaben geführten Kampf um religiöse Vorherrschaft wieder ans Tageslicht gebracht haben. Die Wirkungsgeschichte reicht bis ins Neue Testament, wenn die Samaritanerin am Jakobsbrunnen in Sychar am Fuß des Garizim zu Jesus, dem Juden in judäischer Tradition, sagt: „Unsere Väter haben auf diesem Berg Gott angebetet, ihr sagt, in Jerusalem sei die Stätte, wo man anbeten muss …“ (Joh 4,20).

Die namenlosen Berge des Matthäusevangeliums

Die Vorstellung vom Gottesberg wirft in biblischer Tradition theologische Fragen auf:

- Wo ist der richtige, der wahre Gottesberg?

- Wo und wie findet die richtige und wahre Anbetung Gottes statt?
- Wo und wie spricht Gott auch in der Gegenwart zu den Menschen?
- Wo und wie werden die richtigen und wahren Gottesgebote gehalten?

Es geht also um religiöse Identität, die über den Gottesberg erzählt und definiert wird, gerade im jüdischen Bereich. Deshalb sind die „Berge“ im Matthäusevangelium auch theologisch so interessant. Denn da ist es auffällig (oder auch erwartbar), dass sie keinen Namen haben. Bis auf den „Ölberg“ ist immer nur von *„dem* Berg“ oder „einem (sehr) hohen Berg“ die Rede. Aber es sind bestimmte Stichwörter und bestimmte Aktionen, die Assoziationen zu den in der Bibel bekannten Bergen herstellen, insbesondere zum Berg Sinai. Die Berge des Matthäusevangeliums lassen sich nicht auf der Landkarte finden, sondern sind in den Texten des Alten Testaments zu suchen. Je mehr die Hörenden jüdisch sozialisiert und mit dem Alten Testament vertraut sind, desto schneller und klarer hören sie hinter dem neutestamentlichen Text die Erzählungen von den entsprechenden alttestamentlichen Bergen – und verstehen den neutestamentlichen Text auf dem Hintergrund der Themen, die dort eine Rolle spielen.

Das wird für die Menschen, für die das Matthäusevangelium geschrieben wurde, der Fall gewesen sein. Es handelt sich um eine christusgläubige jüdische Gemeinde, vertraut mit den alttestamentlichen Traditionen – und jüdischen Gebräuchen: Auch die „kleinsten Gebote“ (vgl. Mt 5,19) sind in Geltung, nicht nur der Sabbat (vgl. Mt 24,20), sondern auch die Verzehntung von Minze, Dill und Kümmel (vgl. Mt 23,23). Für die Gemeinde ist außerdem klar, dass Schriftgelehrte – sozusagen als Nachfolger des Mose (vgl. Mt 23,2) – die Gebote Gottes vom Sinai neu in die Gegenwart des jüdischen Alltags sprechen, also jeweils aktualisieren. Insofern spielt die Erzählung vom Sinai in der Jesuserzählung des Matthäusevangeliums eine große Rolle. Insgesamt wird von sieben Bergen erzählt, auf die Jesus steigt und damit Erinnerungen an Berge des Alten Testaments weckt, aber doch markante Unterschiede setzt. Auf diese sieben Berge wollen wir in den folgenden Tagen Jesus literarisch nachsteigen und sie beim Wandern für unser Leben bedenken.

Es sind das:

I. Der Berg der Versuchung
II. Der Berg der Seligpreisungen
III. Der Rückzugsberg
IV. Der Elendsberg
V. Der Berg der Verklärung
VI. Der Ölberg
VII. Der Berg der Sendung

I.

DAS LEBEN BRAUCHT GRUNDENTSCHEIDUNGEN

Der Berg der Versuchung (Mt 4,8–11)

1. Einstieg in den Tag (Ps 99)

Für gläubige Menschen ist Gott wie ein guter König. Seine Macht besteht nicht in Kriegsheeren und Waffen, sondern im Recht, also in seinen Weisungen, die Grundlage für Ordnung, Sicherheit und Wohlergehen unter den Menschen sein wollen. Aber Gottes Recht kann sich nicht *durch*setzen, wenn es nicht Menschen gibt, die sich dafür auch *ein*setzen.

1Der HERR ist König. Es zittern die Völker. Er thront auf den Kerubim. Es wankt die Erde. 2Groß ist der HERR auf Zion, erhaben
ist er über alle Völker. 3Preisen sollen sie deinen großen und
Furcht gebietenden Namen. Er ist heilig! 4Die Macht eines Königs ist das Recht, das er liebt. Du bist es, der die Ordnung gegründet hat. Recht und Gerechtigkeit in Jakob hast du bewirkt.
5Erhebt den HERRN, unsern Gott, werft euch nieder am Schemel
seiner Füße! Er ist heilig! 6Mose und Aaron sind unter seinen
Priestern, Samuel unter denen, die seinen Namen anrufen. Sie
riefen zum HERRN und er gab ihnen Antwort. 7Aus der Wolken-
säule sprach er zu ihnen, sie hielten seine Gebote und die Sat-
zung, die er ihnen gegeben. 8HERR, unser Gott, du gabst ihnen
Antwort. Du warst ihnen ein vergebender Gott, doch ihre Ver-
gehen hast du vergolten. 9Erhebt den HERRN, unsern Gott, werft
euch nieder an seinem heiligen Berg! Denn der HERR, unser
Gott, ist heilig!

2. Der Berg-Text (Mt 4,8–11)

[8]Wiederum nimmt ihn (Jesus) der Teufel beiseite auf einen
sehr hohen Berg
und zeigt ihm alle Königreiche der Welt und ihre Pracht
[9]und sagt ihm:
Das alles werde ich dir geben,
wenn du niederfällst und mir huldigst.
[10]Da sagt ihm Jesus:
Weg, Satan!
Es steht nämlich geschrieben:
Dem Herrn, deinem Gott, sollst du huldigen
und einzig und allein ihm Verehrung zeigen!
[11]Da lässt der Teufel von ihm ab.
Und siehe:
Engel traten hinzu
und dienten ihm.

3. Impuls beim Abmarsch

Jeder von uns kennt Entscheidungssituationen im Leben, an denen man sich nicht vorbeidrücken kann. Ganz egal, *wie* ich mich entscheide, es wird eine Weichenstellung fürs Leben sein. Besonders in jungen Jahren können davon weitreichende Konsequenzen abhängen.

- Soll ich die lästige Schulausbildung zu Ende bringen, obwohl mich alles nervt: die Lehrer und Lehrerinnen, der Stoff, die Mitschüler und Mitschülerinnen?
- Warum sollte ich mich nicht so schnell wie möglich aufs Geldverdienen verlegen und so unabhängig von

den Eltern – und dann endlich mein eigener Herr werden?

- Soll ich schon zu Beginn unserer Ehe dem Wunsch meines Partners bzw. meiner Partnerin nach einem ersten Kind nachgeben? Jetzt, wo meine Karriere gerade beginnen könnte, ich das zur Geltung bringen könnte, was in mir steckt? Vielleicht bin ich viel liebevoller zu meinem Kind, wenn ich auf diese Erfolge zurückschauen kann?
- Soll ich das Angebot auf den einflussreichen Posten annehmen? Dann würde ich endlich wirklich über Gestaltungsmacht verfügen. Ich muss halt in Kauf nehmen, dass ich weniger Freizeit habe, auch weniger Zeit für die Partnerin bzw. den Partner und die Kinder. Aber die Chance kommt nur einmal …

Vermutlich kommen uns allen solche Lebensentscheidungen in den Sinn – und wie wir uns damit abgequält haben. Ich muss einen der Wege wählen und gehen – und weiß später nicht, wie sich die Alternative ausgewirkt hätte.

Aber vielleicht erinnern wir uns an Kriterien, Ratschläge von außen, Gesichtspunkte, die uns bei der Entscheidung geholfen, sie vielleicht sogar maßgeblich beeinflusst haben.

Auch von Jesus wird eine solche Entscheidungssituation erzählt. Wir nennen sie gewöhnlich die „Versuchungserzählung“. Aber nur, weil wir wissen, wie das Leben Jesu ausgegangen ist, und weil wir überzeugt sind, dass es gut so war, wie es ausgegangen ist, können wir uns ausmalen, was gewesen wäre, wenn Jesus sich anders entschieden hätte: Vermutlich würde niemand mehr von ihm reden.

Was Jesus bei seiner Entscheidung geholfen hat? In seinem dramatisch erzählten Dialog mit dem Teufel zitiert Jesus einen wichtigen Grundsatz, den er aus der Tradition seiner Väter gelernt hat und der seinen Lebensentwurf prägen sollte.

Hören wir uns diese dramatische Szene an und lassen die Gestalten wie in einem Film vor unserem geistigen Auge auftreten. Sie spielt auf einem „sehr hohen Berg". Es ist der erste Berg im Matthäusevangelium, den wir mit Jesus besteigen.

Impulsfragen für den Weg

- Was waren wichtige Entscheidungssituationen in meinem Leben?
- Wie war mir dabei zumute?
- Bin ich im Rückblick damit zufrieden, wie ich mich damals entschieden habe?
- Was würde ich einer guten Freundin oder einem guten Freund als Kriterium empfehlen, wenn sie oder er vor einer wichtigen Entscheidung steht?

4. Gipfelgebet

Gott,
du lässt uns die Schönheit der Welt schauen.
Vom Gipfel dieses Berges sehen wir
die Gipfel vieler anderer Berge –
und tief drunten die Häuser der Menschen.
Von hier oben schenkst du uns
einen großartigen Überblick,
den wir drunten nicht haben können.
Schon beim Aufstieg sortieren sich die Gedanken –
und uns wird manches klarer.
Wir sehen Situationen unseres Lebens vor uns –
und erleben sie neu.
Im Rückblick erscheinen sie uns
in einem anderen Licht.
Danke, Gott,
dass du uns immer wieder hinaufführst:
in die Helligkeit, ins Licht, in die Klarheit.
Lass uns glauben,
dass du auch im Dunkeln,
in den Tiefen,
in den Ungewissheiten
bei uns bleibst und uns führst.
Lass uns vor allem aber von oben
die klare Sicht
mitnehmen nach drunten –
in unser alltägliches Leben.

5. Meine Gipfelgedanken

Was mir heute durch den Kopf gegangen ist …

6. Tagesausklang

Ich gebe eine Anekdote aus meiner Studienzeit in Tübingen wieder. Es war der als scharfer Kirchenkritiker bekannte Dogmatikprofessor Hans Küng, der sie uns erzählt hat. Den thematischen Zusammenhang habe ich vergessen, aber die Anekdote ist mir hängengeblieben. Küng sagte in etwa: *„Ich erinnere mich sehr gut. Es war kurz nach Beendigung des Zweiten Vatikanischen Konzils, auf dem ich, wie Sie ja alle wissen, als jüngster Konzilstheologe mitwirken durfte* (ein wenig eitel war der große Gelehrte natürlich auch). *Papst Paul VI. lud mich zu einer Audienz. Ich saß dem Papst gegenüber. Ganz allein. Er bedankte sich für meine theologische Beratung auf dem Konzil und meinte dann: Sie können einen großen Weg in der Kirche vor sich haben, wenn Sie sich* – und dabei machte er eine kleine Bewegung mit seiner rechten Hand (ich sehe die Handbewegung, die Küng beim Erzählen imitierte, bis heute vor mir) – *ein wenig einfügen. Überlegen Sie sich's!*

Ich stand auf und ging. Nach mir war mein Kollege Joseph Ratzinger zur Audienz dran. Ich vermute, dass der Papst ihm das Gleiche gesagt und angeboten hat wie mir. Und jeder von uns hat sich auf seine Weise entschieden."

Lesetipps

Klaus Mann, Mephisto. Roman einer Karriere (der Pakt eines deutschen Schauspielers mit dem Nazi-Regime).

Fjodor Dostojewski, Der Großinquisitor (aus dem Roman „Die Brüder Karamasow") (reclamUB, ISBN: 978-3-15-018543-8).

7. Exegetische Vertiefung

„Versuchung“ – da denken wir wahrscheinlich zuerst an „die zarteste Versuchung, seit es Schokolade gibt“. Aber das ist bei unserer „Versuchungserzählung“ nicht gemeint. Bei dieser „Versuchung“ geht es nicht darum, jemandem eine Falle zu stellen, in die er dann tappen, oder um eine listige Verführung, der er auf den Leim gehen soll.

„Versuchung“ als „qualifying test“

Das Wort, das im Griechischen steht, *peirazein,* meint „versuchen“ im Sinn von „erproben“, „prüfen“ oder auch: „testen, ob jemand oder eine Sache dem Anspruch standhält, den er oder sie vorgibt“. Zum Tragen kommt diese biblische Bedeutung auch im Deutschen z. B. in der Wendung „die Saite eines Bogens versuchen“.

Für die Aktion des „Hereinlegens“ gibt es im Griechischen ein ganz anderes Wort, das auch als Fremdwort ins Deutsche eingegangen ist: *skandalizein.* Es bedeutet wörtlich: eine Falle stellen – und dann kann es einen „Skandal“ geben! Nein, in unserer Erzählung geht es um einen Test, um eine Herausforderung.

Die Versuchungsszene auf dem Berg (Mt 4,8–11), sagen wir besser: die Szene, in der Jesus vom Teufel getestet wird, steht mit zwei weiteren, ganz ähnlichen Szenen unmittelbar vor dem Beginn des öffentlichen Auftretens Jesu in Galiläa (ab Mt 4,12). Auch in Heldengeschichten der griechischen Literatur, etwa bei Herakles, lassen sich solche Testgeschichten finden, ebenfalls unmittelbar vor dem öffentlichen Auftreten des Helden. Schon aus dieser Position lässt sich ihre Funktion ablesen: es geht um einen „qualifying test", um einen Test, durch den der Held geprüft und zugleich gestählt wird für die Aufgabe, die auf ihn zukommt.

Die Botschaft solcher „qualifying test"-Geschichten für die Adressaten ist klar: Auch für dein Leben ist eine Grundentscheidung nötig, der du treu bleibst. Und deshalb ist es gut, wenn du zu einer solchen Entscheidung herausgefordert wirst. Das dient deiner Selbst-Stabilisierung. Dann sind große Taten möglich, wie etwa von Herakles oder Jesus zu lesen.

„Versuchung" als „qualifying test" – auch im Alten Testament

Die „Versuchung" als „qualifying test" ist auch im Alten Testament eine Denkfigur – und zwar für ein ganzes Volk. Es geht um die 40-jährige Wüstenwanderung *vor* dem Einzug ins Gelobte Land. Das Ziel dieser Teststrecke ist: Israel soll das Bundesvolk Gottes werden; soll für die Partnerschaft mit Gott reifen; soll bewusst seine Weisungen befolgen; soll sich selbst davon überzeugen, dass sie gut und vorteilhaft fürs Leben sind; soll ihm vertrauen, dass er nur das Beste für sein Volk will und für es sorgt (vgl. S. 130: Exkurs: Und führe uns nicht in Versuchung!).

Die Idee, die hinter den „Prüfungen" Gottes steht, ist sein Erziehungshandeln. In der Antike ist es die vornehmste Pflicht des Vaters, den Sohn zu „erziehen". Das griechische Wort dafür (*paideuein*) bedeutet „bilden" und „züchtigen" zugleich. Es geht darum, dass der Vater versucht, den Sohn seine eigene Lebensweisheit erlernen bzw. erfahren zu lassen – eben durch Entscheidungssituationen, denen der Vater den Sohn bewusst aussetzt. In diesen Prüfungsmomenten soll der Sohn am eigenen Leib erfahren, dass die Weisungen des Vaters nützlich, alltagstauglich, vorteilhaft – eben weise sind. Der Vater muss also, wenn er es mit der Erziehung und Bildung seines Sohnes ernst meint, ihn gezielt Gefahren aussetzen; aber nicht, um ihn zu Fall zu bringen, sondern um ihn Schritt für Schritt lernen zu lassen, dass es gut ist, auf die Weisungen des Vaters zu hören. Von Probesituation zu Probesituation soll er immer mehr gestählt, gefestigt und stabilisiert werden, damit er die Weisungen des Vaters allmählich internalisiert. In der Antike gehört zu dieser „Bildung", so hart es klingen mag, dann aber auch, den Sohn zu „züchtigen", wenn er den falschen Weg einschlägt. In der Erziehungsphase ist das ein Mittel, um den Sohn bei der Stange zu halten und ihn, so mühevoll es sein mag, immer von Neuem auf die richtige Spur zu bringen.

Die Absicht dieses Erziehungshandelns ist also durch und durch positiv. Am Ende soll die Erkenntnis des Sohnes stehen, dass die Weisungen und Mahnungen des Vaters gut sind für ein gelingendes Leben. Genau das bringt Mose – in der Rückschau auf die lange Wüstenwander-Prüfungszeit – ins Wort: den Versuch Gottes, sein Volk zu formen, ihm Kontur zu geben, die Erkenntnis für die Nützlichkeit seiner Weisung gewinnen zu lassen:

[3]Durch Hunger hat Gott dich gefügig gemacht und hat dich
dann mit dem Manna gespeist, das du nicht kanntest und das
auch deine Väter nicht kannten. Er wollte dich erkennen lassen, dass der Mensch nicht nur von Brot lebt, sondern dass der
Mensch von allem lebt, was der Mund des HERRN spricht. [4]Deine
Kleider sind dir nicht in Lumpen vom Leib gefallen und dein
Fuß ist nicht geschwollen, diese vierzig Jahre lang. [5]Daraus
sollst du die Erkenntnis gewinnen, dass der HERR, dein Gott,
dich erzieht, wie ein Mann sein Kind erzieht. [6]Du sollst die Gebote des HERRN, deines Gottes, bewahren, auf seinen Wegen
gehen und ihn fürchten. (Dtn 8,3–6)

Jesus – und der „qualifying test" für seine Lebensaufgabe

In den neutestamentlichen „Versuchungserzählungen" ist es Jesus, der auf die Probe gestellt wird – und zwar vom Satan, auch „Teufel" genannt, als Ausführungsorgan Gottes. Das Erziehungsziel Gottes wird in der Perikope unmittelbar davor genannt: in der Erzählung von der Taufe Jesu (Mt 3,13–17). Da ist es die Stimme Gottes aus den Himmeln, die Jesus, der gerade aus dem Wasser gestiegen ist, so vorstellt: „Dieser ist mein geliebter Sohn, an dem ich mein Wohlgefallen habe" (V. 17).

Für jüdische Ohren ist völlig klar, was damit gemeint ist: Gott stellt Jesus als den *König* vor, den er sich erwählt hat, sozusagen den König nach seinem Herzen. Denn, ganz ähnlich wie in anderen Kulturen des Vorderen Orients, etwa in Ägypten, ist „Sohn Gottes" auch in Israel der *Titel* des von Gott eingesetzten Königs. Er erhält ihn am Tag seiner Inthronisation. An diesem Tag wird er – symbolisch – „von Gott gezeugt" (vgl. Ps 2,6–7) und damit in die Rechte des Vaters eingesetzt. Er ist für die Leitung des Königreichs Gottes auf Erden verantwortlich.

In diesen Horizont gestellt, versprachlicht die Taufperikope das Erziehungs*ziel* Gottes, für das Jesus im anschließenden „qualifying test" auf die Probe gestellt, besser: für das er gestählt und stabilisiert werden soll, nämlich König zu sein für Gottes Volk auf Erden. Es geht also um die Leitungsaufgabe in der Gesellschaftsordnung Gottes. Jesus soll sich als Wunschkönig Gottes bewähren.

Die drei Wortgefecht-Runden mit dem Teufel (Mt 4,1–11)

In seinem „qualifying test" muss Jesus sich in drei Wortgefecht-Runden den teuflischen Herausforderungen stellen. Alle drei Dialoge sind gleich aufgebaut. Der Teufel stellt dem zukünftigen König von Israel, der den Titel „Sohn Gottes" trägt, drei Testaufgaben. Zwei von ihnen werden eingeleitet mit: „Wenn du Gottes Sohn bist …". Das Selbstverständnis des Königs wird also herausgefordert. Versteht sich Jesus so, wozu der Teufel ihn reizt? Als einer, der sich dadurch legitimiert, dass er Schauwunder vollzieht und Steine in Brot verwandelt (VV. 3–4); als einer, der den Rückhalt Gottes, der ihm versprochen ist, in einer demonstrativen Aktion sichtbar werden lässt, wenn er sich von der höchsten Stelle des Tempels in die Tiefe stürzt (VV. 5–7); in diesem Fall lockt sogar der Teufel mit der Schrift, wenn er Verse aus einem Psalm zitiert:

„Seinen Engeln wird er gebieten deinetwegen – und: auf Händen werden sie dich tragen, damit du nicht anstößt gegen einen Stein deinen Fuß“ (vgl. Ps 91,11–12). Und schließlich in der letzten Dialogrunde: Versteht sich Jesus als einer, der auf das Angebot des Teufels eingeht, aus seiner Hand alle Königreiche der Erde entgegenzunehmen und dafür vor ihm niederzufallen und ihm zu huldigen (VV. 8–10). Jesus kontert jedes Mal mit einem Zitat aus dem Buch Deuteronomium, und zwar aus den Passagen, in denen Mose die Lehre auf den Punkt bringt, die Israel in langen Wüstenwanderungen *hätte* lernen *sollen* (vgl. Dtn 8,3; 6,16; 6,13). Anders als die Vorfahren in der Wüste vertraut Jesus auf die Führung und die Fürsorge Gottes – blind. Mit den Herausforderungen des Teufels konfrontiert, zeigt er, dass er Gottes Erziehungslektion gelernt hat, und weiß sie in der alles entscheidenden Wahlsituation auch sicher zur Geltung zu bringen. Anders gesagt: Jesus hat sich die Erfahrungen seiner Väter, wie sie in den heiligen Schriften zum Ausdruck gebracht werden, zu Herzen genommen und vertraut auf diese Tradition.

Die Szene auf dem „sehr hohen Berg“

Den Höhepunkt der Erprobungen lässt das Matthäusevangelium auf einem „sehr hohen Berg“ spielen – mit Gipfelblick auf „alle Königreiche der Welt und ihre Pracht“ (Mt 4,8–10). Der Teufel macht Jesus ein verlockendes Angebot. Zum Universalherrscher über die gesamte Erde will er ihn machen, allerdings unter einer Bedingung: Jesus muss vor ihm niederfallen und ihm huldigen.

Jesus kontert mit Dtn 6,13: „Dem HERRN, deinem Gott, sollst du huldigen und einzig und allein ihm Verehrung zeigen." Dabei tauscht der Evangelist ein wichtiges Wort aus. Statt „den Herrn, deinen Gott, sollst du *fürchten*", schreibt er: „dem Herrn, deinem Gott, sollst du *huldigen*". Bei dem griechischen Wort für „huldigen", *proskynein,* hört man „sich hin-hunden" und sieht einen Hund vor sich, wie er sich gehorsamst vor seinem Herrn auf den Boden streckt, Kopf nach unten – eine Unterwerfungsgeste, wie sie dann auch von Besiegten dem Sieger gegenüber vollzogen werden musste: die Proskynese. Insofern ist die Proskynese Ausdruck von passiver Abhängigkeit, aber auch aktiver Verpflichtung – im Rahmen einer Herrschaftsstruktur. Der Ritus macht sichtbar, wer wen steuert und wer sich von wem steuern lässt.

Die Proskynese als Ritus *vor* der Herrschaftsübertragung

Im 1. Jahrhundert n. Chr. stehen in der Mittelmeerwelt unter den römischen Kaisern Bilder der Proskynese als *Voraussetzung für die Herrschaftsübertragung* vor Augen. Es war Kaiser Caligula (37–41 n. Chr.), der als erster die Fußfall-Proskynese als üblichen Ritus bei der Belehnung mit einem Königreich verlangt hat. Die vielleicht berühmteste derartige Belehnungsszene hat am Ende der Regierungszeit Neros im Jahr 66 n. Chr. stattgefunden, als Tiridates, ein parthischer Königssohn, mit großem Gefolge durch die halbe Welt nach Rom gezogen ist, um sich dort vor großer Öffentlichkeit von Nero das Königreich Armenien „geben“ zu lassen. Der römische Kaiserbiograf Sueton hat die filmreife Inszenierung in Rom mit süffisanten Worten geschildert:

Ich kann wohl mit einigem Recht auch den Einzug des Königs Tiridates unter die Schauspiele rechnen, die Nero gegeben hat. Er hatte den König durch große Versprechungen dazu gebracht, aus Armenien nach Rom zu kommen. An dem dafür festgesetzten Tag, der eigens durch ein Edikt bekanntgegeben worden war, konnte er ihn aber dem Volk nicht vorführen, denn es herrschte starker Nebel. Daher verschob er das Ganze und inszenierte den Auftritt an einem günstigeren Tag. Vor allen öffentlichen Gebäuden, die an das Forum angrenzten, waren Prätorianerkohorten in voller Rüstung aufgestellt. Nero selbst thronte im Gewand eines Triumphators auf dem kurulischen Stuhl neben der Rostra, umgeben von Feldzeichen und Standarten. Zuerst schritt der König die Estrade hinauf, Nero gestattete ihm huldvoll den Kniefall, hob ihn dann mit der Rechten auf und begrüßte ihn mit einem Kuss. Darauf trug der König seine Bitte um Gnade vor und währenddessen nahm ihm Nero die Tiara ab und setzt ihm das Diadem auf. Gleichzeitig übersetzte ein ehemaliger Prätor die Worte des Bittstellers und machte sie der Zuschauermenge bekannt. Anschließend brachte man den Armenierkönig ins Theater, dieser wiederholte sein Gnadengesuch und Nero wies ihm den Platz an seiner Rechten an. Dafür rief man Nero zum Imperator aus, er legte seinen Lorbeerkranz auf dem Kapitol nieder und ließ beide Pforten des Janustempels schließen, als Zeichen dafür, dass es keinen Krieg mehr gebe. (Sueton, Nero 13)

Es war ein Spektakel. Nero inszeniert sich als Universalherrscher, der ein Königreich vergibt: Für Kniefall und Huldigung wird das Diadem der Königsherrschaft gewährt – und der Klientelkönig als offiziell anerkannter Mitregent präsentiert: Er darf zur Rechten dessen sitzen, der den Ton angibt.

Nicht immer ist die Vergabe eines Königreiches so spektakulär verlaufen, aber der Sache nach wird eine generelle Grundkonstellation sichtbar: Wer den römischen Kaiser hofiert, sich ihm finanziell andient und deutlich macht, dass er sich seinen Herrschaftsvorgaben beugt, kann mit der Königsherrschaft über ein Gebiet belohnt werden. Von Rom wird er militärisch unterstützt, gerade gegen oppositionelle Kräfte im eigenen Land, aber dafür muss er auch nach der Pfeife Roms tanzen. Er gibt die Eigensteuerung praktisch aus der Hand und fungiert geradezu als Marionette. Herodes der Große und seine Söhne sind Musterbeispiele dafür.

Wenn der Teufel im Matthäusevangelium Jesus anbietet: „Alle Königreiche der Erde will ich dir geben, wenn du niederfällst und mir huldigst", dann steht den Hörenden bzw. Lesenden ein solcher Pakt vor Augen, ins Universale gesteigert. Dadurch, dass die Rolle, wie man sie vom römischen Kaiser kennt, durch den Teufel besetzt wird, bekommt der Teufel ein menschliches Gesicht. Und den menschlichen Potentaten, die sich als Herren der Welt aufspielen – zur Zeit des Matthäusevangeliums ist es Kaiser Domitian (81–96 n. Chr.) –, wird die Maske vom Gesicht gerissen. Sie werden als „Teufel" enttarnt, denn sie geben denen die Macht, die sich ihnen willenlos ergeben – und so auf dem schnellen Weg zur Macht kommen wollen: zur Macht über andere, ohne dass sie selbst entscheiden wollen oder könnten, welche *Art* von Herrschaft sie ausüben, ob sie gut oder schlecht für „ihr" Volk ist. Denn der Preis für diese Vollmacht zur Herrschaftsausübung ist die willenlose Verpflichtung nach oben.

Die Entscheidung zwischen zwei Arten von Königsherrschaft

Beim Pakt, den der Teufel Jesus anbietet – Proskynese für die Übergabe von Königreichen –, geht es in der Substanz also um die Art der Herrschaftsausübung und woran sich diese orientiert. Die Erprobung Jesu besteht darin, ob er sich für die Herrschaftsausübung à la Satan entscheidet, so dass Satan den König Jesus steuert, oder ob er Gott wählt und sich von Gottes Herrschaftsvorstellungen leiten lässt. Die Alternative ist also Satansherrschaft – oder Gottesherrschaft.

In einem späteren Kapitel des Matthäusevangeliums, genau zu Beginn des Passionsweges Jesu nach Jerusalem, wird der Unterschied zwischen beiden Herrschaftsformen plastisch auf den Punkt gebracht:

25Ihr wisst, dass die Herrscher der Völker auf sie herabherrschen und ihre Großen ihre (übertragene) Vollmacht missbrauchen.
26Nicht so soll es sein unter euch, sondern: Wer unter euch
groß werden will, sei aller Diener, 27und wer unter euch Erster
sein will, sei euer Sklave – 28wie der Menschensohn nicht ge-

kommen ist, sich bedienen zu lassen, sondern um selbst zu dienen und sein Leben als Lösepreis zu geben für viele. (Mt 20,25–28)

Was im Markus- und im Lukasevangelium „Gottesherrschaft“ oder besser übersetzt „Königtum Gottes“ genannt wird, heißt im Matthäusevangelium immer „Königsherrschaft *der* Himmel“, vermutlich eine bewusst gewählte Variante, die gerade im Blick auf die Geschichte vom Versuchungsberg einfach zu erklären ist: Den *vielen* Königreichen der einen Erde steht das *eine* Königreich der vielen Himmel gegenüber. Ziel Gottes ist es, dass in den vielen Königreichen der Erde das Königreich der Himmel zum Zug kommt. Und zwar ganz einfach dadurch, dass sich die Menschen dem Willen des Königs der Himmel unterstellen – und so sein Volk werden. Dann leben die Menschen auf der Erde gemäß der Königreichvorstellung in den Himmeln. Oder anders gesagt: Dann geschieht Gottes Wille im Himmel tatsächlich auf der Erde, und es wird auf der Erde die Königsherrschaft der Himmel erfahrbar. Der Unterschied zwischen der Satansherrschaft und der Gottesherrschaft ist nicht lokal zu fassen, sondern ein qualitativer. Das Unterscheidungskriterium ist ganz einfach: Versuchen Herrscher (oder auch einzelne Menschen), ihren eigenen Willen *gegen andere* durchzusetzen (vgl. V. 25), oder orientieren sie sich am Willen Gottes und engagieren sich *für andere* (vgl. VV. 26–27)? Nehmen sie Rücksicht auf deren Wohlergehen oder sind sie nur auf den eigenen Vorteil bedacht?

Wie das geht? Das macht Jesus selbst vor. Im Anschluss an die Charakterisierung der „Herrschaft der Himmel", wo sich als Diener und Sklave verhält, wer wirklich groß sein will, heißt es in Vers 28: „*wie* der Menschensohn nicht gekommen ist …". Jesus als Menschensohn ist also das Paradebeispiel für die Lebensführung, wie sie dem Königreich der Himmel entspricht. Und davon erzählen auch die vielen Anekdoten der Evangeliumsgeschichte. Und genau um diesen Punkt drehen sich auch Jesu fünf Reden im Matthäusevangelium, in denen er seine „Schüler" für das Königreich der Himmel instruiert, insbesondere die Bergpredigt mit den Seligpreisungen zu Beginn (vgl. II/2. Berg-Text, S. 53).

Die Erprobung Jesu – und was er dadurch „gewinnt"

Durch die Herausforderung durch den Teufel wird Jesus als designierter König von Israel für seine Aufgabe gestählt, indem ihm die Alternativen klar vor Augen gestellt werden – und er eine Entscheidung treffen muss. Es zeigt sich als ein unschätzbarer Vorteil, die Erfahrungs- und Weisheitstradition des eigenen Volkes inhaliert zu haben, um auf die richtige, für sich selbst und andere nachhaltig gute Spur zu kommen.

Wenn es am Ende der Berg-Erprobungsszene heißt: „Da lässt der Teufel von ihm ab", dann ist klar: Der Teufel hat verloren. Jesus hat den „qualifying test" für die Königsherrschaft, die Gott ihm übergeben will, bestanden. Und siehe da: Im Verzicht auf das verlockende Angebot des Teufels bekommt Jesus mehr, als der ihm ausgemalt hat. Denn nach dem Abtritt des Teufels heißt es: „Engel traten herzu und dienten ihm“ (Mt 4,11). Jesus braucht nicht Gott zu erproben und herauszufordern. Wer ihm – blind – vertraut, dem schickt er ohnehin seine Engel. Vergeblich treten immer wieder menschliche „Teufel“ an Jesus heran, die ihn versuchen bzw. erproben wollen: sich mit einem Zeichen zu legitimieren (Sadduzäer: Mt 16,1), mit Fangfragen zur Ehescheidung bzw. zum kaiserlichen Tribut, Steuerfrage genannt (Pharisäer: Mt 19,3; 22,17–18), und zum größten Gebot (Gesetzeslehrer: Mt 22,35–36) oder auch mit der scheinbaren Sorge um das Wohlergehen Jesu – wie Petrus, der ihn vom Gang nach Jerusalem abhalten will, aber von Jesus mit den gleichen Worten angefahren wird wie der Teufel auf dem Berg: „Weg, Satan!“ (Mt 16,23; vgl. 4,10).

Den Hörenden bzw. Lesenden wird klar: Jesus bleibt seiner Königtum-Gottes-Linie treu, eindeutig und unbestechlich. Einmal erprobt – für immer gestählt. Einmal entschieden – für immer entschieden. Neue Erprobungen machen Jesus nur noch sicherer für seine von Gott gestellte Lebensaufgabe, das Königtum Gottes auf Erden zu leben, und zwar *als* König *selbst* vorzuleben.

Und am Ende dieses Diener-Weges bekommt er endgültig sehr viel mehr, als der Satan ihm überhaupt hätte anbieten können. Das werden wir bei der letzten, siebten Bergszene sehen (vgl. VII/2. Berg-Text, S. 136).

II.

DER ANDERE WEG ZUM GLÜCK

Der Berg der Seligpreisungen (Mt 5,1–12)

1. Einstieg in den Tag (Ps 34,12–23)

Nicht alle, die gut und gerecht zu leben versuchen, erleben auch Glück. Im Gegenteil: Sie fühlen sich manchmal sogar von Gott vernachlässigt. Ps 34 will da Trost spenden.

12 Kommt, ihr Kinder, hört mir zu! Die Furcht des Herrn will ich
euch lehren! 13 Wer ist der Mensch, der das Leben liebt, der Tage
ersehnt, um Gutes zu sehen? 14 Bewahre deine Zunge vor Bö-
sem; deine Lippen vor falscher Rede! 15 Meide das Böse und tu
das Gute, suche Frieden und jage ihm nach! 16 Die Augen des
Herrn sind den Gerechten zugewandt, seine Ohren ihrem Hilfe-
schrei. 17 Das Angesicht des Herrn richtet sich gegen die Bösen,
ihr Andenken von der Erde zu tilgen. 18 Die aufschrien, hat der
Herr erhört, er hat sie all ihren Nöten entrissen. 19 Nahe ist der
Herr den zerbrochenen Herzen und dem zerschlagenen Geist
bringt er Hilfe. 20 Viel Böses erleidet der Gerechte, doch allem
wird der Herr ihn entreißen. 21 Er behütet all seine Glieder, nicht
eins von ihnen wird zerbrochen. 22 Den Frevler wird die Bosheit
töten, die den Gerechten hassen, werden es büßen. 23 Der Herr
erlöst das Leben seiner Knechte, niemals müssen büßen, die
bei ihm sich bergen.

2. Der Berg-Text (Mt 5,1–12)

[1]Als er (Jesus) die Volksmengen sah, stieg er hinauf auf den
Berg.
Und nachdem er sich gesetzt hatte,
traten zu ihm herzu seine Schüler.
[2]Und nachdem er seinen Mund geöffnet hatte, lehrte er sie
und sprach:
I [3]Glückselig die Armen im Geist,
denn ihnen gehört das Königreich der Himmel.
II [4]Glückselig die Trauernden,
denn sie werden getröstet werden.
III [5]Glückselig die Sanftmütigen,
denn sie werden das Land erben.
IV [6]Glückselig die Hungernden und Dürstenden nach der
GERECHTIGKEIT,
denn sie werden gesättigt werden.
V [7]Glückselig die Barmherzigen,
denn sie werden Barmherzigkeit erfahren.
VI [8]Glückselig die Reinen im Herzen,
denn sie werden Gott schauen.
VII [9]Glückselig die Friedenstäter,
denn sie werden Söhne Gottes genannt werden.
VIII [10]Glückselig die Verfolgten wegen (der) GERECHTIGKEIT,
denn ihnen gehört das Königreich der Himmel.
IX [11]Glückselig seid ihr,
wenn sie euch schmähen
und verfolgen
und alles Böse gegen euch sagen – meinetwegen.

12 Freut euch und jauchzt,
denn euer Lohn: groß in den Himmeln.
So nämlich haben sie auch die Propheten vor euch verfolgt.

3. Impuls beim Abmarsch

„Cool!", sagen wir, oder: „Krass!", „Super!", „Tolle Leistung!" Wir bringen damit unsere Anerkennung zum Ausdruck, unsere Bewunderung für eine großartige Leistung oder ein außergewöhnliches Ereignis. Oft machen wir den Betroffenen erst durch unser Staunen bewusst, welches Glücksmoment sie gerade erleben durften.

In der Antike hätte man gesagt: „Selig bist du!" oder: „Glücklich bist du zu preisen!" Und dabei schwingt mit: Was du erleben darfst, ist nicht jedem beschieden. Freu dich darüber! Sei glücklich!

Dieses staunend anerkennende „Selig!" findet sich neunmal in unseren altbekannten Seligpreisungen. Aber was da bewundert und bestaunt wird, geht gegen den Strich: Cool die Armen im Geist! Krass die Sanftmütigen! Super die Barmherzigen! Toll, die nach Gerechtigkeit hungern! Das alles hat mit der normalen Vorstellung von Glück und Siegerposen wenig zu tun. Ganz im Gegenteil. Machen wir die Gegenprobe. Denn die Schärfe der Seligpreisungen wird erst richtig deutlich, wenn wir mithören, was alles nicht seliggepriesen wird: sich aufplustern, sich groß machen, sich mit Gewalt durchsetzen, auf das Recht des Stärkeren setzen, auf den eigenen Vorteil bedacht sein.

Die Seligpreisungen des Matthäusevangeliums verheißen ein paradoxes Glück. Ein Glück, das gerade dann erreicht wird, wenn ich nicht auf meinen eigenen Vorteil poche, mich nicht größer mache als ich bin, meine Stärke nicht ausspiele; sondern wenn ich auf etwas ganz anderes setze: auf eine angemessene Selbsteinschätzung, auf Empathie für andere, auf Solidarität, auf Gerechtigkeitssinn – gerade für die Schwachen und Unterlegenen; alles Haltungen, die wir in den zurückliegenden Monaten seit Beginn des Ukrainekrieges neu schätzen gelernt haben, Haltungen, die das paradoxe Glück, das die Seligpreisungen des Matthäusevangeliums propagieren, als reale Möglichkeiten erscheinen lassen, um wirklich zu mehr Glück und Frieden auf dieser Erde zu finden.

Impulsfragen für den Weg

- „Selige“ Momente in meinem Leben – was fällt mir ein? Welche Szenen stehen mir vor Augen? Mit welchen Menschen haben sie zu tun?
- „Unselige“ Momente in meinem Leben – was fällt mir ein? Welche Szenen stehen mir vor Augen? Mit welchen Menschen haben sie zu tun?

4. Gipfelgebet

Selig seid ihr

T: Friedrich Karl Barth, Peter Horst, M: Peter Janssens. Aus: Uns allen blüht der Tod, 1979, © Peter Janssens Musik Verlag, Telgte-Westfalen

5. Meine Gipfelgedanken

Was mir heute durch den Kopf gegangen ist …

6. Tagesausklang

Der schon länger verstorbene Bischof von Aachen, *Klaus Hemmerle,* hat die Seligpreisungen für sich so übersetzt:

Selig, die das Interesse des anderen lieben wie ihr eigenes – denn sie werden Frieden und Einheit stiften.
Selig, die immer bereit sind, den ersten Schritt zu tun – denn sie werden entdecken, dass der andere viel offener ist, als er es zeigen konnte.
Selig, die nie sagen: Jetzt ist Schluss! – denn sie werden den neuen Anfang finden.
Selig, die erst hören und dann reden – denn man wird ihnen zuhören.
Selig, die das Körnchen Wahrheit in jedem Diskussionsbeitrag heraushören – denn sie werden integrieren und vermitteln können.
Selig, die ihre Position nie ausnützen – denn sie werden geachtet werden.
Selig, die nie beleidigt oder enttäuscht sind – denn sie werden das Klima prägen.
Selig, die unterliegen und verlieren können – denn der Herr kann dann gewinnen.

(Klaus Hemmerle, 1929–1994)

7. Exegetische Vertiefung

Seligpreisungs-Variationen

Eine „Seligpreisung" ist in der Alten Welt so etwas wie ein Glückwunsch oder eine Glückwunschkarte anlässlich eines herausragenden Ereignisses. Das kann die Geburt eines Kindes sein, die Heirat einer klugen Frau oder der Sieg in einem sportlichen Wettkampf: „Selig bist du, denn du hast den Sieg errungen!" Das Aussprechen einer solchen Seligpreisung will dem anderen sagen: Du hast etwas Außergewöhnliches erlebt. Du bist zu beneiden. Denn eigentlich sind nur die Götter ganz glücklich. Sie brauchen nicht zu arbeiten, haben keine Sorgen und kennen den Tod nicht. Nicht umsonst spricht man von den „seligen Göttern". Aber auch Menschen können an solchem Götterglück teilhaben, partiell und momentan. Eine Seligpreisung will das bewusst machen: Auch du hast ein Stück Himmel auf Erden erfahren. Du bist glücklich zu preisen. Freu dich darüber!

Vor diesem Horizont sollten wir das griechische Wort *makarios,* das wir gewöhnlich mit „selig" übersetzen, besser mit „glückselig" oder einfach mit „glücklich" wiedergeben. Die Wissenschaft spricht von Makarismen.

Aber nicht jeder hat das Glück, eine kluge Frau gefunden zu haben, reich geworden zu sein, beim Wettkampf gesiegt zu haben. Trotzdem kann er auch etwas vom göttlichen Glück spüren: in einer bestimmten Lebens*art.* Indem er eine bestimmte Lebens*haltung* einzuüben versucht. Das ist das Thema der antiken Philosophie. Dafür gibt sie Ratschläge an die Hand. In Kurzform können sie als Seligpreisungen ausgesprochen sein. In der jüdischen Literatur finden sich solche *ethischen* Makarismen vor allem in den Psalmen und in den Weisheitsbüchern: „Selig der Mann, der nicht dem Rat der Frevler folgt …“ (vgl. Ps 1). Oder: „Selig der Mensch, dem sein eigener Mund keine Vorwürfe macht …“ (Sir 14,1; vgl. 14,2.20–27). Es geht um die Suche nach dem „guten Leben“. In diesem Fall steht der Glückwunsch unter bestimmten Bedingungen: Verhalte dich so, dann wirst du glücklich!

Aber es kann derart widrige Umstände geben, dass sich trotz größten Bemühens, die Ratschläge der ethischen Makarismen umzusetzen, das Gespür von Glück einfach nicht einstellen will. An diesem Punkt setzt die sogenannte jüdische Apokalyptik ein: Sie schaut auf „die kommende Welt“, die Gott seinen Gerechten schenkt. Sie steht, nachdem alle Bösewichte beseitigt worden sind, allein unter seiner Herrschaft, „Gottesherrschaft“ oder „Königtum Gottes“ genannt. Die Makarismen dieses Typs verheißen Menschen, die Haltungen gelebt haben, die eigentlich zum Glück führen müssten, dass sie dafür auf jeden Fall in der kommenden Welt belohnt werden. Sie werden Bewohner der neuen Welt Gottes sein. „Glückselig ihr Gerechten und Auserwählten, denn herrlich wird euer Erbteil sein“, heißt es in einem dieser apokalyptischen Bücher (äthHen 58,2–3). Der Nachsatz begründet, warum die Seligpreisung einer bestimmten Lebenshaltung aufrechterhalten werden kann, auch wenn sich in der Gegenwart das versprochene Glücksgefühl nicht einstellt.

Wenden wir diese Beobachtungen auf die Seligpreisungen im Matthäusevangelium an, dann ergibt sich: Es liegt eine schillernde Mischung vor. Den Anfang macht eine richtige Glückwunschkarte. Die „Armen im Geist“ werden glücklich gepriesen, weil ihnen das Königreich der Himmel jetzt schon gehört. Gleiches spricht die achte Seligpreisung den wegen der Gerechtigkeit Verfolgten zu. Die Seligpreisungen dazwischen (II–VII) schauen auf die kommende Welt. Erst dann wird sich das Glück einstellen, zu dem die dort genannten Haltungen eigentlich schon jetzt führen sollten. Ganz deutlich spricht die letzte Seligpreisung, die unmittelbar an die Adressaten gerichtet ist, von einem großen Lohn in den Himmeln für alle, die in dieser Welt Schmähung, Verfolgung und Böses erleiden.

Anders als die ersten sieben Seligpreisungen, die unter der Überschrift „Arme im Geist“ bestimmte Haltungen im Blick haben (vgl. Gruppenarbeit: Die „Armen im Geiste“, S. 63), sprechen die achte und die abschließende Seligpreisung von Anfeindung von außen. Das sind offensichtlich die widrigen Umstände, die verhindern, dass sich wirklich Glück einstellt, obwohl die inneren Einstellungen ganz auf dieser Linie liegen. Und trotzdem bleibt der Auftakt („Arme im Geist“) dabei: Wer sich so verhält, dem gehört das Königtum der Himmel. Aber das Gleiche gilt für alle, die gerade wegen dieser Haltungen, gemäß der Zusammenfassung in Mt 5,10 „wegen der Gerechtigkeit“, verfolgt werden.

Das Matthäusevangelium versucht also einen Spagat und differenziert zugleich: Ich darf jetzt schon glücklich sein, weil ich Teilhaber am Königreich der Himmel bin, aber belohnt werde ich erst in der kommenden Welt für meine ethischen Haltungen, die ich auf dieser Erde gelebt habe. Es kann sein, dass ich gerade deswegen von anderen angefeindet werde.

Die Seligpreisungen als Logo der Christen

Wie das konkret zu denken ist, lässt sich über die Vorstellung vom „Königreich der Himmel" erklären. Im Matthäusevangelium ist das der Kontrastbegriff zu den vielen Königreichen auf dieser Erde, wo gewöhnlich weniger der (himmlische) Wille Gottes als der des jeweiligen Königs in die Tat umgesetzt wird (vgl. I/7. Die Proskynese als Ritus *vor* der Herrschaftsübertragung, S. 43). Mitten in diesen Königreichen der Erde entsteht das Königreich der Himmel, wenn Menschen sich *Gottes* Willen unterstellen, wie ihn sein König auf Erden, eben Jesus, verkündigt hat (vgl. II/7. Die bekannte (Sinai)Szenerie – und die feinen Unterschiede, S. 67), konkret: die Haltungen der Seligpreisungen in die Tat umsetzen. Sie sind sozusagen die „Einspurung" in die „Königsherrschaft der Himmel". Anders gesagt: Die Seligpreisungen stellen so etwas wie die Identitätskarte der Christen dar, sind ihr Logo. Daran werden sie erkannt: als Teilhaber am Königreich der Himmel. Sie hören mitten in dieser Welt auf einen anderen König, eben jenen, der sich für dieses Amt wirklich qualifiziert hat und die entsprechenden königlichen Haltungen auch selbst vorgelebt hat (vgl. I/7. Die Entscheidung zwischen zwei Arten von Königsherrschaft, S. 46).

Allerdings: Wer sich an die Haltungen der Seligpreisungen hält, wird auffallen, wird vielleicht belächelt – und kann Widerstand erleben. Davon sprechen die beiden abschließenden Seligpreisungen VIII und IX. Indem aber gerade die „wegen der Gerechtigkeit Verfolgten“ seliggepriesen werden, weil sie jetzt schon am Königreich der Himmel teilhaben, wird Ablehnung und Widerstand für sie geradezu ein Test dafür, dass sie auf der richtigen Spur sind.

Gruppenarbeit: Die „Armen im Geist“

→ Je eine Gruppe arbeitet mit einer Seligpreisung. Die Impulsfragen sollen das Gespräch fokussieren. Als Vergleichsmaterial dienen die angegebenen Bibelstellen. Nach den gemeinsamen Überlegungen in der Kleingruppe kommt es zu einem Austausch darüber, was die „Armen im Geist“ auszeichnet.

Im Unterschied zum Lukasevangelium, wo die erste Seligpreisung an ökonomisch Arme gerichtet ist (Lk 6,20: „Selig die Armen“), hat das Matthäusevangelium „Arme *im Geist*“ im Blick. Was damit gemeint ist, wird durch die folgenden Seligpreisungen erläutert. Die jeweiligen Haltungen lassen sich „mit Fleisch füllen“, wenn sie im Kontext anderer Stellen des Matthäusevangeliums gelesen werden, wo ebenfalls von ihnen die Rede ist.

Gruppe 1: Selig die Sanftmütigen (Mt 5,5/Seligpreisung III)

Was stellen sich die Lesenden des Matthäusevangeliums unter „sanftmütig“ vor? Lesen Sie dazu: Mt 21,1–11 (bes. V. 5) – im Rahmen der Königsvorstellung!

Die Leserinnen und Leser des Matthäusevangeliums haben Jesus vor Augen, wie er „sanftmütig“ nach Jerusalem einzieht. Er kommt nicht wie die Herrscher dieser Welt hoch zu Ross, sondern auf dem Reittier der kleinen Leute, einer Eselin und ihrem Füllen. Er praktiziert damit sein Gegenprogramm, das er erst wenige Verse zuvor (Mt 20,25–28) verkündet hat. Es geht um den Verzicht darauf, die eigene Macht anderen gegenüber auszuspielen oder sie gegen ihren Willen zu etwas zu zwingen. Der „sanftmütige“ Jesus ruft nicht nur zum Verzicht darauf auf, sondern macht das auch vor. Symbolisch kommt es in der Wahl der Reittiere zum Ausdruck.

Gruppe 2: Selig, die hungern und dürsten nach der Gerechtigkeit (Mt 5,6/Seligpreisung IV)

Was ist mit dem „Hunger“ und „Durst“ nach der Gerechtigkeit konkret gemeint? Welche Ungerechtigkeit ist im Blick? Lesen Sie dazu Mt 25,31–46! Wie also kann man diesen „Hunger“ nach Gerechtigkeit (wenigstens ein wenig) stillen? Anders gesagt: Was zeichnet „gerechte“ Menschen aus?

Diejenigen, die in der Weltgerichtsrede Mt 25,31–46 als „Gerechte“ bezeichnet werden, haben sich – völlig ohne Berechnung – für alle eingesetzt, die auf der Schattenseite des Lebens stehen. So haben sie ihren Hunger und

Durst nach Gerechtigkeit nicht dadurch gestillt, dass sie Benachteiligungen, Missstände und Unrechtssituationen anprangern, sondern indem sie selbst aktiv geworden sind.

Gruppe 3: Selig die Barmherzigen (Mt 5,7/Seligpreisung V)

Was ist im Matthäusevangelium besonders typisch für „Barmherzigkeit"? Das kann man daran erkennen, was als Gegenteil von „Barmherzigkeit" dargestellt wird. Lesen Sie dazu: Mt 9,9–13; 12,1–8; 23,23 – sowie Hos 6,6!

Das Gegenteil von Barmherzigkeit ist – unter Rückgriff auf Hos 6,6 – im Matthäusevangelium „Opfer", womit kultische Vollzüge aller Art gemeint sind. Sie sind nur dann gültig, wenn sie ganz korrekt nach präzisen Vorschriften vollzogen werden. Alle Aufmerksamkeit ist auf die genaue Einhaltung von religiösen Regeln gerichtet. Die Typen, die diese Haltung verkörpern, werden im Matthäusevangelium „Pharisäer" genannt. Sie sind überall und zu jeder Zeit zu finden.

Barmherzigkeit hat konkrete Menschen im Blick. Barmherzige Menschen zeigen Gespür für das, was anderen fehlt, was sie jetzt gerade brauchen. Sie versetzen sich in ihre Lage und handeln entsprechend. In unseren Beispieltexten sind das sozial Ausgegrenzte („Zöllner"), die hungrigen Schüler sowie alle, die auf Hilfe und Beistand angewiesen sind. Die Erzählungen zeigen zugleich, dass Leute, die wie Jesus barmherzig sind, schnell ausgerechnet mit denen in Konflikt geraten können, die sich für besonders fromm halten, weil sie die religiösen Vorschriften ganz genau befolgen und deshalb meinen, die anderen korrigieren und ihrer Barmherzigkeit Einhalt gebieten zu müssen.

Gruppe 4: Selig die Friedenstäter (Mt 5,9/Seligpreisung VII)

Was *tun* nach dem Matthäusevangelium „Friedenstäter" eigentlich, denen verheißen wird, sie würden „Söhne Gottes" genannt (so wörtlich Mt 5,45: „… damit ihr Söhne eures Vaters im Himmel werdet")? Lesen Sie dazu Mt 5,43–48 (und evtl. dazu auch 5,38–42)!

Friedenstäter sind nicht einfach friedfertig in dem Sinn, dass sie keinen Anlass zu Streit und Unfrieden geben. Friedenstäter setzen sich aktiv für Frieden ein: Sie überschreiten die Grenzen der eigenen sozialen Gruppe und gehen mit „den anderen" genauso gut um wie mit den eigenen Leuten (vgl. Mt 5,46–47). Im Extremfall praktizieren sie die Feindesliebe, die gegenüber „Verfolgern" darin besteht, dass auch für sie gebetet wird (vgl. Mt 5,43–44). Auf keinen Fall leisten sie Widerstand (vgl. Mt 5,39), aber sie geben auch nicht klein bei. In Mt 5,39–41 finden sich drei Ratschläge, wie Jesusschüler durch paradoxe Intervention einem überlegenen Feind seine eigene Aggressivität bewusst machen und ihn vielleicht zum Nachdenken bringen können.

Fazit

Kurz: „Arme im Geist", die jetzt schon auf Erden als Teilhaber am Königreich der Himmel leben, zeigen Engagement für eine menschlichere Welt, aber weder von oben herab noch religiös verbohrt, sondern in feiner Sensibilität für menschliche Not und Hilfsbedürftigkeit – und zwar nicht nur innerhalb ihrer eigenen sozialen Gruppe, sondern bewusst in Überschreitung dieser Grenze – bis hin zu den eigenen Feinden, für die zu beten das unterste Limit ist.

Die bekannte (Sinai)Szenerie – und die feinen Unterschiede

Den „Berg der Seligpreisungen" gezeigt zu bekommen, gehört zum Pflichtprogramm jeder Pilgerreise in Israel. Jeder kennt den Ort: ein kleiner Hügel direkt am See Gennesaret, gekrönt von einer Rundkirche, mitten in bunter Blumenpracht. So stellen wir uns das Ambiente der Seligpreisungen vor.

Nüchtern muss man jedoch sagen: Hörende und Lesende des Matthäusevangeliums, vertraut mit biblischen Überlieferungen, haben einen ganz anderen Berg vor ihrem geistigen Auge gesehen, wenn davon erzählt wird, dass Jesus „den Berg" hinaufsteigt, dort von seinen Schülern umringt wird, wobei die Menschenmassen am Fuß des Berges stehen (vgl. Mt 4,24–25), die er von oben sieht (Mt 5,1) und zu denen er am Ende seiner „Bergbelehrung" wieder hinabsteigt (Mt 8,1). Völlig klar: Dieser Berg ist ein „literarischer" Berg. Er ist im Buch Exodus zu finden, in der Sinai-Perikope, beim Bundesschluss Gottes mit seinem Volk (vgl. Einleitung, Der Gottesberg Sinai – und der Kult, S. 20). Szenerie und Inszenierung sind völlig analog zu den Vorgängen der „Bergpredigt" im Matthäusevangelium. In Ex 19,3 ist es Mose, der auf den Berg hinaufsteigt und die Ältesten mit sich nimmt (Ex 24,1), während das Volk „unten am Berg" steht (Ex 19,17) und Mose immer wieder hinuntersteigt, um ihnen die Anweisungen Gottes weiterzugeben (vgl. Ex 19,14.20.25; 24,9; 32,15; 34,4.29).

Spätestens hier beginnen jedoch die feinen Unterschiede zur Sinai-Perikope, die wahrgenommen werden sollen und auf die es ankommt: Bei der Inszenierung der „Bergpredigt", die mit den Seligpreisungen beginnt, fehlt jegliches kultische Element: weder Hörnerschall noch Donner sind zu hören oder (Weih)rauch zu sehen. Es gibt auch keine kultisch abgegrenzten bzw. für das Volk verbotenen Zonen, die am Sinai im Vorblick auf die Platzordnung im Tempel eingeschärft werden (vgl. Ex 19,12–13.21.25). Gott spricht im Matthäusevangelium auch nicht aus einer Wolke mit Jesus wie mit Mose (vgl. dafür die Erzählung von der Verklärung: V/2. Berg-Text, S. 95), sondern Jesus lehrt selbst die Weisungen Gottes und sitzt dabei. Das ist für einen Lehrer in der Antike typisch, und im Matthäusevangelium wird es insbesondere über die Schriftgelehrten erzählt, „die sich auf den Lehrstuhl des Mose gesetzt haben" (Mt 23,1), um den Gotteswillen durch ihren eigenen Mund auszusprechen und damit für die Menschen ihrer Zeit zu aktualisieren, also genau das zu tun, was das Volk am Sinai von Mose erbeten hat: „Rede *du* mit uns, dann wollen wir hören. Gott soll nicht mit uns reden, sonst sterben wir" (Ex 20,19).

Als ein solcher zweiter Mose erscheint Jesus in der Szenerie der Bergpredigt, aber er steigt nicht hinunter, um das Volk am Fuß des Berges zu belehren, sondern er belehrt „die Schüler, die zu ihm herangetreten sind“, also auf den Berg zu Jesus hinaufgestiegen sind. Wer sind diese Schüler? Die zwölf Apostel können es nicht sein; denn von ihnen ist erst viele Kapitel später die Rede (vgl. Mt 10,1). Nur vier namentliche Berufungen wurden bisher erzählt (Mt 4,18–22). Der Begriff „Schüler“ kommt hier zu Beginn der Bergpredigt im Matthäusevangelium zum ersten Mal vor, ohne erklärt zu werden. Er muss also aus dem Kontext heraus verstanden werden. Dann können die „Schüler“, die – wie die Ältesten bei Mose am Sinai – auf den Berg hinaufsteigen und dann von Jesus belehrt werden, eigentlich nur Hörwillige aus der großen Menge am Fuß des Berges sein; Menschen, die den Willen Gottes in der Spur Jesu tun wollen, eben *Schülerinnen und Schüler* Jesu sein wollen, wie das griechische Wort *mathetes*, das wir gewöhnlich mit „Jünger“ übersetzen, korrekt wiedergegeben werden müsste. Genau diese Lehrer-Schüler-Situation wird auf dem jesuanischen Sinai mit Mt 5,1 inszeniert. Die Hörwilligen werden von Jesus über die Haltungen derer belehrt, die Teilhaber am Königreich der Himmel werden wollen; die jetzt schon mitten in der Alten Welt nach den Normen der Neuen Welt Gottes leben, eben nach den Regeln *seines* Königreichs: die Gerechtigkeit im Sinn von Barmherzigkeit tun; die nicht als Protzbrocken den anderen vorschreiben, was sie tun sollen, sondern selbst vorleben, was sie später (vgl.

VII/2. Berg-Text, S. 136) als Weisungen Jesu verkünden sollen; die zu Platzhaltern des Königreichs der Himmel mitten unter den Königreichen dieser Welt werden wollen. In den Bildern gesprochen, die sich unmittelbar an die Seligpreisungen anschließen: die „Salz der Erde" sein wollen, „Stadt auf dem Berg" und „Leuchter" für alle im Haus (vgl. Mt 5,13–16), also „Geschmacksproben" und „Vor-Leuchter" für das Königtum der Himmel auf Erden. Zu ihnen zu gehören, ist nach Mt 5,1 allen möglich, die auf den Berg hinaufsteigen und an Jesus herantreten, um sich – als seine Schülerinnen und Schüler – von ihm belehren zu lassen.

III.

ENDLICH RUHE! ENDLICH ALLEIN!

Der Rückzugsberg (Mt 14,22–23)

1. Einstieg in den Tag (Ps 132)

Sehnsuchtsorte sind gewöhnlich Orte der Ruhe und des Friedens, oft auch der Schönheit und der Pracht. Ps 142 träumt von einem besonderen „Ort der Ruhe“.

1Gedenke, Herr, zugunsten Davids all seiner Mühen, 2wie er dem
Herrn geschworen, gelobt hat dem Starken Jakobs: 3Nicht will
ich das Zelt meines Hauses betreten noch zum Ruhen mein
Lager besteigen, 4nicht Schlaf den Augen gönnen noch Schlum-
mer den Lidern, 5bis ich für den Herrn eine Stätte finde, Wohnung für den Starken Jakobs. 6Siehe, wir hörten von seiner Lade
in Efrata, fanden sie im Gefilde von Jáar. 7Lasst uns hingehen
zu seiner Wohnung, uns niederwerfen am Schemel seiner Füße! 8Steh auf, Herr, zum Ort deiner Ruhe, du und deine macht-
volle Lade! 9Deine Priester sollen sich in Gerechtigkeit kleiden
und deine Frommen sollen jubeln. 10Um Davids willen, deines
Knechts, weise nicht ab das Angesicht deines Gesalbten! 11Der
Herr hat David Treue geschworen, nicht wird er von ihr lassen:
Einen Spross deines Leibes will ich setzen auf deinen Thron.
12Wenn deine Söhne meinen Bund bewahren, mein Zeugnis,
das ich sie lehre, dann sollen auch ihre Söhne auf deinem Thron
sitzen für immer. 13Denn der Herr hat den Zion erwählt, ihn begehrt zu seinem Wohnsitz: 14Das ist für immer der Ort meiner Ruhe, hier will ich wohnen, ich hab ihn begehrt. 15Zions Nahrung
will ich reichlich segnen, mit Brot seine Armen sättigen. 16Seine
Priester will ich kleiden in Heil, seine Frommen sollen jauchzen
und jubeln. 17Dort bringe ich Davids Macht zum Sprießen und
stelle eine Leuchte auf für meinen Gesalbten. 18Ich kleide seine
Feinde in Schande; doch auf ihm wird seine Krone erglänzen.

2. Der Berg-Text (Mt 14,22–23)

22Und sofort zwang er (Jesus) die Schüler,
in das Boot einzusteigen
und ihm vorauszufahren an das andere Ufer,
bis er die Volksmengen fortgeschickt habe.
23Und nachdem er die Volksmengen fortgeschickt hatte,
stieg er hinauf auf den Berg, ganz für sich,
um zu beten.
Nachdem es Abend geworden war,
war er dort ganz alleine.

3. Impuls beim Abmarsch

Kaum ist Jesus vom Berg der Seligpreisungen heruntergestiegen in die Niederungen des Alltags, macht er das, was gemäß den Seligpreisungen zum Glück führt: Er lässt sich auf die ein, die sich in ihrer Not an ihn wenden, er ist barmherzig, sanftmütig, hungert nach Gerechtigkeit.

Ein Aussätziger kommt, dann der Hauptmann von Kafarnaum – ein Ausländer, der um seinen kranken Diener bangt, Besessene schreien ihn an, man bringt ihm einen Gelähmten, ein Synagogenvorsteher bittet ihn, zu seiner Tochter zu kommen, die im Sterben liegt, noch auf dem Weg schleicht sich eine Frau mit Blutfluss von hinten an ihn heran.

Es will nicht enden. Aber damit nicht genug: Auch die Gegnerfront meldet sich: Sie streuen böse Gerüchte über ihn (er sei mit dem Teufel verbündet) und versuchen, ihn anzuklagen. In Nazaret, seiner Heimatstadt, stößt er auf Ablehnung. Und als er hört, dass auch Herodes von ihm Wind bekommen hat, derjenige, der Johannes den Täufer auf dem Gewissen hat, da reicht es ihm: „Als er davon hörte, entwich er von dort mit dem Boot in eine einsame Gegend, ganz für sich“ (Mt 14,13).

Aber die Volksmassen sind schneller. Noch ehe er aus dem Boot aussteigt, erwarten sie ihn schon wieder am Ufer. „Und als er ausstieg und die vielen Menschen sah“, heißt es in Mt 14,14, „hatte er Mitleid mit ihnen (‚schlug es ihm in die Magengrube‘) – und er heilte ihre Kranken.“ Und weil es schon spät am Tag ist, sorgt er dafür, dass sie auch etwas zu essen bekommen.

Aber dann reicht es endgültig, erzählt der Evangelist. Jesus will endlich allein sein. Auch ohne Mitarbeiter. Ganz allein, nur für sich: Darum geht es in unserem Berg-Text, der jetzt vorgelesen wird.

Endlich Ruhe! Endlich allein! Endlich rasten! Endlich Zeit fürs Gebet!

Aber Jesus wird kein Einsiedler. Noch in der Nacht beobachtet er, wie die Schüler auf dem Meer mit dem Sturm zu kämpfen haben, sie hin- und hergebeutelt werden. Da hält es ihn nicht mehr in der Bergidylle. Er kommt zu den Verängstigten und sagt das beruhigende Wort: „Habt Vertrauen, ich bin doch da. Fürchtet euch nicht!“

Impulsfragen für den Weg

- Wie spüre ich, dass es mir zu viel wird?
- Wie steht es mit dem Rückzug bei mir? Gibt es den?
- Wo ist mein Lieblingsort? Was bringt mich zur Ruhe?
- Wann habe ich mir das letzte Mal einen Rückzug erlaubt?
- Was holt mich wieder zurück? Oder möchte ich am liebsten „weg-bleiben“?

4. Gipfelgebet

Gott,
manchmal brauche ich einfach meine Ruhe,
möchte nichts mehr hören und sehen,
mich einfach zurückziehen,
ganz für mich sein.
Ich bin froh,
dass so etwas auch von Jesus erzählt wird.
Ich brauche kein Held im Dauereinsatz zu sein.
Ich muss mich nicht ständig und rund um die Uhr
um andere kümmern.
Ich darf mich auch einmal zurückziehen,
einfach für mich sein,
einfach etwas Schönes machen,
einmal auch an mich denken,
alles hinter mir lassen,
durchschnaufen,
meinen eigenen Atem spüren –
und von innen heraus zu beten beginnen,
mit dir ins Gespräch kommen.

Danke, Gott, für diese Mußestunden.
Sie stärken mich –
und helfen mir,
gelassen und fröhlich zu bleiben
im Einsatz für andere.

5. Meine Gipfelgedanken

Was mir heute durch den Kopf gegangen ist …

6. Tagesausklang

für einen moment

komm, lass los!
dein tunmüssen
dein seinmüssen
dein erledigenmüssen
dein gestresstseinmüssen
dein …

komm, sei einfach da!

komm, tauch ein!
in das gezwitschererwachen des morgens
in die sprudelweckkraft deiner lebensquelle
in das feierabendbunt der sonne
in die sternenweite des himmels

komm!
lass los
sei einfach da
für einen moment
und tauch ein
in den atem der schöpfung

*(Renate Hinterberger-Leidinger, *1976)*

7. Exegetische Vertiefung

Die Idee, dass sich Jesus eine Ruhepause zum Gebet auf dem Berg gönnt, hat der Matthäus-Evangelist im Markusevangelium gelesen (Mk 6,45–47). Aber er intensiviert diese Szene sprachlich: Wie schon beim Seligpreisungsberg *steigt* Jesus in Mt 14,22 *auf den Berg hinauf* (und geht nicht einfach „weg auf den Berg" wie bei Mk 6,46). Gleich zweimal betont der Evangelist, dass Jesus „ganz für sich allein ist". Genauso, wie er gleich zweimal davon spricht, dass Jesus die Volksmengen „fortschickt" bzw. „auflöst". In Mk 6,46 „verabschiedet" er sie. Die Schüler werden, wie auch schon in Mk 6,45, „genötigt", alleine ans andere Ufer vorauszufahren. Kurz: Jesus macht sich Luft, um für sich allein zu sein – ohne Volksmengen, sogar ohne Schüler.

Anders als im Markusevangelium ist dieser Rückzugswunsch im Matthäusevangelium lange vorbereitet. Schon in Mt 14,13 schreibt der Evangelist vom „Entweichen" Jesu. Und er macht das auch verständlich, indem er die vorausgehenden Ereignisse neu anordnet. Im Markusevangelium will Jesus den zurückkehrenden „Aposteln", die hier zum ersten Mal selbständig verkündigt haben, eine Ruhepause gönnen (Mk 6,30–32). Im Matthäusevangelium bräuchte Jesus so eine Ruhepause selbst. Denn von der Rückkehr der Schüler, die im Matthäusevangelium lediglich für die Mission instruiert (Mt 10,1–42) und erst am Ende des Evangeliums – eben auf dem Sendungsberg (vgl. VII/2. Berg-Text, S. 136) – ausgesandt werden, ist im Matthäusevangelium nirgends die Rede, nur vom unermüdlichen Wirken Jesu in Wort und Tat, in einem entsprechend gestalteten Erzählkranz als „Verkündigung des Evangeliums der Königsherrschaft" benannt (Mt 4,23 – 9,35). An dessen Ende sind die Reaktionen jedoch schon geteilt (Mt 9,33–34). Das verstärkt sich: Ganze Städte lehnen Jesus ab (Mt 11,20–24). Es kommt zu gefährlichen Auseinandersetzungen mit den Pharisäern um das Gesetz, also die Eruierung des aktuellen Gotteswillens für die Gegenwart (Mt 12,1–14). Als die Pharisäer, denen es nicht gelingt, Jesus das Handwerk zu legen, „hinausgehen und einen Beschluss fassen, auf dass sie ihn vernichten" (Mt 12,14), findet sich eine erste Rückzugsnotiz: „Jesus aber, der es erkannte, entwich von dort" (Mt 12,15). Aber ohne Erfolg: „Und es folgten ihm viele nach."

Jedoch reißt die Kette der Beschwernisse nicht ab: Die Pharisäer intensivieren mit dem Beelzebulvorwurf ihre „teuflischen" Anschuldigungen gegen Jesus (Mt 12,24; vgl. 9,34); die Schriftgelehrten verlangen ein legitimierendes Zeichen (Mt 12,38). Als Jesus nach seiner Gleichnisrede (Mt 13,1–53) auch in seiner Vaterstadt Nazaret durchfällt (Mt 13,54–58) und Herodes argwöhnt, in Jesus würden die Kräfte des Täufers Johannes wirken (Mt 14,1–2), den er doch selbst hat umbringen lassen (Mt 14,3–12), ist das Maß voll: „Als es Jesus hörte, entwich er von dort in einem Boot an einen einsamen Ort für sich" (Mt 14,13). Aber, wie schon gewohnt, sind die Volksmengen schlauer und schneller. Noch bevor Jesus aus dem Boot steigen kann, stehen sie schon wieder erwartungsvoll vor ihm. Und Jesus „hat Mitleid mit ihnen“, heilt ihre Schwachen (Mt 14,14) und sorgt – entgegen dem Ratschlag seiner Schüler – dafür, dass sie auch alle satt werden. Aber dann reicht es wirklich. Es folgt unser Berg-Text Mt 14,22–23.

IV.

STARKE SCHLEPPEN SCHWACHE

Der Elendsberg (Mt 15,29–31)

1. Einstieg in den Tag (Ps 121)

Wer bittet und Hilfe braucht, schaut nach oben, schaut auf zu einem Größeren, zu einer Stärkeren. Oder auch zu „dem Starken“ schlechthin. Viele haben dafür ein Symbol vor Augen: das Kreuz an der Wand oder eine Ikone. Die Beter von Ps 121 schauen auf zu den Bergen …

[1]Ich erhebe meine Augen zu den Bergen: Woher kommt mir
Hilfe? [2]Meine Hilfe kommt vom Herrn, der Himmel und Erde
erschaffen hat. [3]Er lässt deinen Fuß nicht wanken; dein Hüter
schlummert nicht ein. [4]Siehe, er schlummert nicht ein und
schläft nicht, der Hüter Israels. [5]Der Herr ist dein Hüter, der
Herr gibt dir Schatten zu deiner Rechten. [6]Bei Tag wird dir die
Sonne nicht schaden noch der Mond in der Nacht. [7]Der Herr
behütet dich vor allem Bösen, er behütet dein Leben. [8]Der Herr
behütet dein Gehen und dein Kommen von nun an bis in Ewigkeit.

2. Der Berg-Text (Mt 15,29–31)

[29]Und nachdem Jesus von dort weggegangen war,
kam er an das Meer von Galiläa,
und er stieg hinauf auf den Berg
und setzte sich dort.
[30]Und es traten zu ihm herzu *viele Volksmengen* –
und sie hatten zusammen bei sich:
Lahme,
Blinde,
Krumme,

Stumme
und viele andere.
Und sie warfen sie vor seine Füße.
Und er behandelte sie,
31sodass die Volksmenge staunen musste,
als sie erblickten:
Stumme redend,
Krumme gesund
und Lahme einhergehend
und Blinde sehend.
Und sie priesen den Gott Israels.

3. Impuls beim Abmarsch

Nach einem erhitzten Streit mit den Pharisäern über Reinheitsfragen „entweicht" Jesus zwar in das heidnische Gebiet im Norden Israels, wo sich eine kanaanäische Frau an seine Fersen hängt, aber er kehrt gleich wieder an den See Gennesaret zurück. Und da wird etwas erzählt, was uns von der Szenerie her bekannt vorkommen müsste:

„Und nachdem Jesus von dort weggegangen war, kam er an das Meer von Galiläa, und er stieg hinauf auf den Berg und setzte sich dort. Und es traten zu ihm herzu …" (VV. 29–30).

Ganz genauso beginnt die Erzählung vom Berg der Seligpreisungen: Jesus steigt auf den Berg und setzt sich, und dann treten zu ihm herzu – am Berg der Seligpreisung sind es die Schüler, jetzt sind es ganz andere, die aber genau das machen, was nach den Seligpreisungen Glück verheißt:

(Den heutigen Berg-Text VV. 30–31 vorlesen, S. 82).

Die Vielen sind barmherzig, haben ein Herz für andere, gehen nicht mit der Nase nach oben durch die Welt, sondern mit dem Blick der Gerechtigkeit fallen ihnen diejenigen in die Augen, die einen Menschen brauchen, die am Boden, ganz unten sind – und sie schleppen sie den Berg hoch, gehen den mühsamen Berg mit ihnen gemeinsam – nach oben.

Der Berg der Gotteserfahrung – sein Gipfel ist im Matthäusevangelium nicht reserviert für irgendwelche Auserwählten, auch nicht für die lernbereiten Schüler. Auf dem Gipfel des Berges der Gotteserfahrung ist Platz für die Schwächsten mit ihren Gebrechen – und für die, die für sie ein Herz haben. Gemeinsam dürfen sie hinaufsteigen.

Symbolisch sagt das Matthäusevangelium damit: Ist *das* nicht Gotteserfahrung? Einer kümmert sich um den anderen, die Starken schleppen die Schwachen.

Impulsfragen für den Weg

- Wo habe ich schon einmal jemand mitgeschleppt, nach oben gezogen, weil er oder sie ganz „unten" war?
- Wo war ich selbst dankbar, dass jemand wahrgenommen hat, dass ich ganz tief unten sitze – und allein nicht mehr hochkomme?
- Was war das für ein Gefühl, wieder „über dem Berg" zu sein?

4. Gipfelgebet

Gott, wir preisen dich,
denn du bist ein Gott der Kleinen, der Schwachen,
Kranken und Hilfsbedürftigen.
Sie alle dürfen ganz nah zu dir kommen.
Und es ist dein sehnsüchtiger Wunsch,
dass die Schüler Jesu sie mitschleppen,
sie in ihrer Ohnmacht nicht allein lassen,
damit auch sie es den schweren Berg hinauf schaffen –
und auch ein Gipfelerlebnis haben.

Gott, lass uns fest darauf vertrauen,
dass wir nur miteinander selig werden können:
die Gesunden *und* die Kranken,
die Starken *und* die Schwachen,
die Schlaffen *und* die Tatkräftigen,
die Gipfelstürmer *und* die Ermatteten.

Lass du uns erleben:
Solidarität macht beide glücklich.
Wer sich für andere einsetzt, gewinnt am Ende selbst:
Freude, Zufriedenheit, Wohlgefühl –
und tiefe Dankbarkeit,
wenn er die Augen der anderen strahlen sieht.

5. Meine Gipfelgedanken

Was mir heute durch den Kopf gegangen ist …

6. Tagesausklang

Wer leben will wie Gott auf dieser Erde

Text: Bergsma, Johannes (OT: Oosterhuis, Huub),
Verlag Herder, Freiburg

2 |: Er geht den Weg, den alle Dinge gehen, :| er trägt das Los, er geht den Weg, |: er geht ihn bis zum Ende. :|

3 |: Der Sonne und dem Regen preisgeben, :| das kleinste Korn in Sturm und Wind |: muss sterben, um zu leben. :|

4|: Die Menschen müssen füreinander sterben. :| Das kleinste Korn, es wird zum Brot, |: und einer nährt den andern. :|

5|: Den gleichen Weg ist unser Gott gegangen, :| und so ist er für dich und mich |: das Leben selbst geworden. :|

7. Exegetische Vertiefung

Das Auffälligste an dieser Passage ist, dass sie genauso beginnt wie die Besteigung des Seligpreisungsbergs, fast bis aufs Wort: „… und er stieg auf den Berg hinauf und setzte sich dort. Und es traten zu ihm herzu …". Umso deutlicher hebt sich die unterschiedliche Fortsetzung davon ab: Es sind nicht die „Schüler", die an Jesus herantreten, sondern „viele Volksmengen". Und diese „Vielen" haben andere im Schlepptau, haben sie den Berg mit hinaufgeschleppt: „Blinde, Lahme, Krumme, Stumme und viele andere". In der Erzählwelt des Matthäusevangeliums heißt das: Hier sehen wir die „wahren" Schüler und Schülerinnen vor uns, diejenigen, die Jesu Seligpreisungsworte in die Tat umsetzen, barmherzig sind, sich derer annehmen, die keine Helfer und Helferinnen haben – und so den Hunger und Durst nach Gerechtigkeit ein wenig stillen helfen. Sie lassen diese ohnmächtig Hilfsbedürftigen eine besondere Art der Proskynese vollziehen: Sie werfen sie einfach Jesus vor die Füße. Aber Jesus lässt sich weder huldigen noch anbeten, sondern neigt sich seinerseits ihnen zu, behandelt sie, d. h. berührt sie, richtet sie auf – so, wie es in den Heilungsgeschichten ausführlich erzählt wird. Das ist christliche Proskynese: den Willen Jesu tun – und dort, wo menschliche Hände nicht mehr weiterhelfen können, es ihm überlassen.

Zusätzlich im Echoraum des Alten Testaments gehört, also mit Sinai-Assoziationen vom Gottesberg, sagt diese Bergszene: Hier seht ihr diejenigen, die ohne Schranken zum Gipfel des Gottesberges vordringen dürfen und der Schau der Herrlichkeit Gottes gewürdigt werden. Das sind die neuen Kriterien für den Zugang zum Herrlichkeitsbereich des Gottesberges: die Schwachen und Kranken den „schweren Berg" mit hinaufschleppen. Indem man andere mitträgt, kommt man selbst in den Genuss der Gottesschau. Gott zeigt seine Herrlichkeit den Solidarischen – oder gar nicht.

Insofern steht es völlig in der Logik der Analogie von Sinai-Gottesberg und Tempelberg (vgl. Einleitung, Der Gottesberg Sinai – und der Kult, S. 20), dass Jesus genau diese Klientel später als seine Gemeinde auf den Jerusalemer Tempelberg führt. Genauer: Die Tempelreinigung, die der Matthäus-Evangelist in Mk 11,15–19 gelesen hat, schreibt er um und macht daraus einen Austausch des Tempelpersonals: Jesus wirft die Verkäufer genauso wie die Käufer hinaus, wirft die Tische der Geldwechsler um – und macht dadurch Platz für diejenigen, denen es normalerweise verboten ist, das heilige Tempelareal zu betreten, damit es auf keinen Fall verunreinigt wird: „Und es kamen zu ihm Blinde und Lahme im Heiligtum, und er heilte sie", heißt es Mt 21,14. Jesus zeigt auf, wer den Tempel eigentlich verunreinigt – und wer ihn wirklich heiligt, wer der Nähe Gottes würdig ist.

Allerdings sehr zum Unbehagen des kultischen Aufsichtspersonals und ihrer Cheftheologen: der Hohepriester und der Schriftgelehrten. Sie, die doch so bibelkundig sein sollten, empören sich ausgerechnet über die Kinder, die Jesus als „Sohn Davids" (Mt 21,15) ausrufen – als hätten sie nie in Ps 8,3 gelesen: „Aus dem Mund von Unmündigen und Säuglingen bereitest du dir Lob." Profan gesagt: „Kindermund tut Wahrheit kund". Aber Kultbeamte – damals wie heute – folgen offensichtlich anderen Logiken.

Schließlich erinnert die Aufzählung und die Heilung von Lahmen und Blinden, Krummen und Stummen an Jes 35,5–6, wo es heißt: „Dann werden die Augen der Blinden geöffnet, auch die Ohren der Tauben sind wieder offen. Dann springt der Lahme wie ein Hirsch, die Zunge des Stummen jauchzt auf." Darin zeigt sich nach Jesaja die Herrlichkeit Gottes. Allerdings auch bei Jesaja schon angewiesen auf menschliche Intervention: „Macht die erschlafften Hände wieder stark und die wankenden Knie wieder fest. Sagt den Verzagten: Habt Mut, fürchtet euch nicht!" (Jes 35,3–4) Der Matthäus-Evangelist setzt das sehr konkret um: Es braucht Menschen, die denen, die keine Kraft mehr haben, auf die Sprünge helfen, indem sie sie tragen, mitschleppen und dorthin bringen, wo sie selbst wieder einen neuen Blick bekommen, eine neue Perspektive – eben auf dem Gipfel des Berges – und mit Hoffnung vor den gelegt werden können, von dem die „Schüler" und „Schülerinnen" glauben, dass er die Ohnmächtigen zu behandeln weiß.

Eifrige Leserinnen und Leser des Matthäusevangeliums wissen, dass es die „Werke des Messias" sind, wenn Blinde wieder sehen, Lahme gehen usw. (vgl. Mt 11,2–5). Unsere Bergszene sagt uns: Für seine „Werke" ist der Messias darauf angewiesen, dass es viele, sehr viele gibt, die Schwache und Kranke mitschleppen. Und dass es vielleicht das Allerwichtigste ist, dass diese Hilf- und Perspektivlosen überhaupt auf den Berg hinaufgeschleppt werden – und dann mit dieser Erfahrung von Solidarität tatsächlich „über dem Berg" sind.

Im Blick auf die Vorlage des Markusevangeliums ist unsere Bergszene ein „Ersatz" für die Heilungserzählung des Taubstummen in der Dekapolis in Mk 7,31–37, die im Matthäusevangelium nicht erzählt wird. Anders als im Markusevangelium entfernt sich Jesus sozusagen nur für einen Augenblick aus dem jüdischen Kernland in die Landesteile von Tyrus und Sidon (vgl. Mt 15,21), die als typisch heidnische Städte gelten. Der Evangelist erzählt diesen Ausreißer eigentlich nur, um Jesus in dieser Perikope der Kanaanäerin, die wegen ihrer besessenen Tochter hinter ihm herschreit, sagen zu lassen, dass er ausschließlich zu den verlorenen Schafen des Hauses Israel gesandt ist (vgl. Mt 15,24).

Anders als im Markusevangelium, wo der folgende Evangeliumsabschnitt im Heidenland spielt, Jesus durch Sidon ans Meer von Galiläa in die Gebiete der Dekapolis geht, dort eben den Taubstummen heilt und sogar mit all denen Mahl hält, die ihm aus dem Heidenland gefolgt sind, kehrt Jesus im Matthäusevangelium nach dem kurzen Abstecher in Richtung Tyrus und Sidon sofort wieder ans Meer von Galiläa zurück (Mt 15,29). Die „vielen Volksmengen", die mit den Kranken zu ihm auf den Berg kommen, sind natürlich Juden – und voller Staunen verherrlichen sie auch am Ende der Perikope „den Gott Israels". Im Markusevangelium sind es die Heiden, die Jesus (für jüdische Ohren ein halbes Wunder) mit Worten der Schöpfungserzählung (Gen 1,31) und mit Anklängen an Jes 35,5–6 preisen: „Gut hat er alles gemacht, und die Taubstummen macht er hören und die Redelosen reden"

(Mk 7,37). Im Matthäusevangelium ist dafür die Zeit noch nicht gekommen.

Dahinter steckt eine Intention, die sich im gesamten Matthäusevangelium beobachten lässt: Der irdische Jesus ist von Gott zum König von *Israel* bestimmt – und er bleibt Zeit seines Lebens innerhalb dieser Grenzen. Sogar Samaria wird ausgespart: „Auf den Weg zu Heiden geht nicht hin und in die Stadt der Samaritaner geht nicht hinein! Geht vielmehr zu den verlorenen Schafen des Hauses Israel!", legt Jesus in der Aussendungsrede den Ausgesandten ans Herz (Mt 10,5–6). Gesprengt werden diese Grenzen erst mit der Auferweckung und Erhöhung zum Menschensohn (vgl. VII/2. Berg-Text, S. 136). Anders gesagt: Es ist die Frucht des Auferstehungsglaubens, dass die Schülerschaft Jesu keinerlei nationale oder andere Engführungen zulassen darf und wirklich *alle* Menschen Zutritt haben zum Königreich der Himmel, das in den Taten der Jesusschüler und -schülerinnen hier auf Erden beginnt.

V.
VERWANDELTES LEBEN

Der Berg der Verklärung (Mt 17,1–9)

1. Einstieg in den Tag (Ps 104,1–9.31–33)

Ps 104 singt von einem Gott, dessen Herrlichkeit und Macht sich in der Natur zeigt: in den Strahlen der Sonne genauso wie im Donner oder den rauchenden Bergen. Die Natur als gewaltiges Gottesbild, als Spiegel seiner Größe.

[1]Preise den Herrn, meine Seele! Herr, mein Gott, überaus groß
bist du! Du bist mit Hoheit und Pracht bekleidet. [2]Du hüllst
dich in Licht wie in einen Mantel, du spannst den Himmel aus
gleich einem Zelt. [3]Du verankerst die Balken deiner Wohnung
im Wasser. Du nimmst dir die Wolken zum Wagen, du fährst
einher auf den Flügeln des Windes. [4]Du machst die Winde zu
deinen Boten, zu deinen Dienern Feuer und Flamme. [5]Du hast
die Erde auf Pfeiler gegründet, in alle Ewigkeit wird sie nicht
wanken. [6]Einst hat die Urflut sie bedeckt wie ein Kleid, die Wasser standen über den Bergen. [7]Sie wichen vor deinem Drohen
zurück, sie flohen vor der Stimme deines Donners. [8]Sie stiegen
die Berge hinauf, sie flossen hinab in die Täler an den Ort, den
du für sie bestimmt hast. [9]Eine Grenze hast du gesetzt, die
dürfen sie nicht überschreiten, nie wieder sollen sie die Erde
bedecken … [31]Die Herrlichkeit des Herrn währe ewig, der Herr
freue sich seiner Werke. [32]Er blickt herab auf die Erde und sie
erbebt, er rührt die Berge an und sie rauchen. [33]Ich will dem
Herrn singen in meinem Leben, meinem Gott singen und spielen, solange ich da bin.

2. Der Berg-Text (Mt 17,1–9)

1 Und nach sechs Tagen nimmt Jesus beiseite den Petrus und
Jakobus und Johannes, seinen Bruder.
Und er führt sie hinauf auf einen hohen Berg – ganz für sich.
2 Und er wurde verwandelt vor ihnen.
Und es leuchtete sein Gesicht wie die Sonne.
Seine Kleider aber wurden weiß wie das Licht.
3 *Und siehe*:
Es erschien ihnen Mose und Elija, die sich mit ihm unterredeten.
4 Das Wort ergreifend aber sprach Petrus zu Jesus:

> Herr,
> gut ist es, dass wir hier sind.
> Wenn du willst,
> werde ich hier drei Zelte machen,
> für dich eines und für Mose eines und für Elija eines.

5 Während er noch redete,
siehe:
Eine lichte Wolke überschattete sie.
Und siehe:
Eine Stimme aus der Wolke sprach:

> Dieser ist mein geliebter Sohn,
> an dem ich Wohlgefallen gefunden habe.
> Hört auf ihn!

6 Und als (es) die Schüler hörten, fielen sie auf ihr Gesicht
und fürchteten sich sehr.
7 Und es trat Jesus hinzu,
er berührte sie und sprach:

> Aufgewacht!
> Und fürchtet euch nicht!

8 Als sie ihre Augen erhoben, sahen sie niemand außer Jesus
ganz allein.
9 Und als sie hinabstiegen von dem Berg,
trug ihnen Jesus auf, indem er sprach:
Niemandem sagt die Vision,
bis der Menschensohn aus Toten auferweckt worden ist.

3. Impuls beim Abmarsch

„Du bist ja wie verwandelt, ich kenne dich gar nicht mehr!“, sagen wir zu jemandem, der uns plötzlich ganz verändert vorkommt: nicht mehr ernst und in sich gekehrt, sondern aufgeschlossen und heiter; nicht mehr wortkarg, sondern auf einmal redselig; nicht mehr förmlich und steif, sondern locker und leger.

Was ist nur in den oder die gefahren, fragen wir uns. Und nur manchmal erfahren wir den wahren Grund, oft lächeln die Betroffenen nur verschmitzt – oder schieben die Sache mit einem „Meinst du wirklich?“ schnell beiseite.

Gründe für so eine Verwandlung gibt es viele: eine neue Bekanntschaft, frisch verliebt zu sein, ein großer Erfolg, eine unerwartete Anerkennung oder Auszeichnung – oder auch nur eine tiefgreifende Erkenntnis.

Auf jeden Fall hat sich in einem Menschen etwas gelöst, lässt ihn mit anderen Augen auf die Welt und sich selbst schauen. Und vielleicht ist er gar kein *anderer* Mensch geworden, sondern zeigt endlich, wie er eigentlich ist oder eigentlich sein möchte.

Impulsfragen für den Weg

- Habe ich mich schon einmal „wie verwandelt“ gefühlt?
- Was war der Auslöser dafür?
- Wer hat es bemerkt – und mir gesagt?
- War es nur eine vorübergehende Phase – oder hat die „Verwandlung“ angehalten?
- Habe ich Ähnliches schon bei anderen bemerkt – und ihnen gesagt?
- Haben sie mir dann verraten, was der Grund dafür war?

4. Gipfelgebet

Jeder Mensch braucht sie,
diese Stunden des puren Glücks,
der Klarheit, des Blicks von oben,
der Gewissheit: am Ziel zu sein.
Jeder Mensch braucht immer wieder das Gefühl:
Ich hab's geschafft, bin oben, endlich.
Die Anstrengung hat sich gelohnt.
Der Aufwand war nicht umsonst.
Die vielen Stunden am Schreibtisch.
Die lange Zeit der Vorbereitung.
Manchmal ist es wie eine Erlösung:
Das Gefühl, ich bin *wieder* oben.
Ich habe das tiefe Tal der Depression überwunden.
Hoffen und Bangen sind vorüber.
Ich kann wieder lachen.
Ich habe die Krankheit überstanden,
fühle wieder Kraft in mir.

Jeder Mensch braucht solche „Verklärungsstunden".
Gott, wir danken dir dafür.

5. Meine Gipfelgedanken

Was mir heute durch den Kopf gegangen ist …

6. Tagesausklang

Nimbus

Auch eines von diesen Worten,
die sich davongemacht haben, lautlos,
„Nebelhülle der Götter auf Erden.
Strahlenglanz".

Nur unter Meteorologen
fällt es noch gelegentlich,
wenn tiefhängende Regenwolken
über die Chemiesteppe ziehen.

An solchen Tagen geh ich gern
ins Museum, oder im Hochsommer,
in eine Kirche, wo es kühl ist,
und betrachte ungläubig

die Heiligenscheine.

*(Hans Magnus Enzensberger, *1929)*

7. Exegetische Vertiefung

Unsere neutestamentlichen Texte bekommen ihre eigentliche Tiefendimension, wenn wir sie im Echoraum des Alten Testaments lesen. Denn für Menschen, die mit den alttestamentlichen Traditionen vertraut sind – und das dürfen wir für die Gemeinde, in der das Matthäusevangelium gelesen wurde, sicher annehmen –, wecken erzählte Vorgänge (wie die Schilderung der Szenerie am

Anfang der Bergpredigt, vgl. II/7. Die bekannte [Sinai] Szenerie – und die feinen Unterschiede, S. 67), auffällige Formulierungen oder außergewöhnliche (Zahl)angaben (wie in der Verklärungserzählung) Assoziationen zu bestimmten alttestamentlichen Texten, die sich dann im Kopf der Rezipienten mit dem neutestamentlichen Text vermischen und „Sinn" einspielen, der ohne diesen Hintergrund nicht erreicht werden kann.

Bibelleser unserer Tage, so eifrig sie sein mögen, haben nicht immer die entsprechenden alttestamentlichen Hintergrundtexte sofort parat. Aber dafür gibt es Hilfsmittel, inzwischen auch elektronisch, z. B. Konkordanzen, in denen alle Stellen angeführt werden, an denen ein bestimmtes Wort vorkommt. Oft reicht es schon, die Paralleltexte nachzuschlagen, die in vielen Bibelausgaben unmittelbar nach jeder Perikope angegeben sind. Für die Verklärungserzählung werden im Folgenden die wichtigsten alttestamentlichen Hintergrundtexte (einige auch aus der griechisch-römischen Lebenswelt der Erstlesenden) zitiert. Besonders wichtig ist wiederum die Erzählung vom Bundesschluss am Sinai (Ex 19 – 34). Jede und jeder kann bei sich ausprobieren, welche Sinnvertiefungen entstehen, wenn die neutestamentlichen Angaben im Echoraum des Alten Testaments gehört werden. Ein mögliches Fazit der Überblendung wird jeweils angegeben.

„Und nach sechs Tagen“ (Mt 17,1)

Von „sechs Tagen“ ist im Alten Testament regelmäßig im Zusammenhang mit der Sabbatstruktur als schöpfungsgemäßem Rhythmus des Lebens die Rede: an sechs Tagen sollst du arbeiten, am siebten Tag ruhen (vgl. Ex 20,8–11; Dtn 5,12–15). Und – auffällig, weil singulär – in der Sinai-Erzählung:

> [12]Der HERR sprach zu Mose: Komm herauf zu mir auf den Berg und bleib hier! Ich will dir die Steintafeln übergeben, die Weisung und das Gebot, die ich darauf geschrieben habe, um sie zu unterweisen. … [15]Dann stieg Mose auf den Berg und die Wolke bedeckte den Berg. [16]Die Herrlichkeit des HERRN nahm Wohnung auf dem Berg Sinai und die Wolke bedeckte den Berg sechs Tage lang. Am siebten Tag rief er mitten aus der Wolke Mose herbei. [17]Die Erscheinung der Herrlichkeit des HERRN auf dem Gipfel des Berges zeigte sich vor den Augen der Israeliten wie verzehrendes Feuer. [18]Mose ging mitten in die Wolke hinein und stieg auf den Berg hinauf. Vierzig Tage und vierzig Nächte blieb Mose auf dem Berg. (Ex 24,12–18)

Nach sechs Tagen erscheint die Herrlichkeit des Herrn – und zeigt sich den Israeliten. Diese Erwartung kann die Einleitung der Verklärungserzählung mit ihrer außergewöhnlichen Zeitangabe wecken. Verstärkend kommt hinzu, dass Mose gemäß Ex 24,9–11 auch Begleiter mit auf den Berg hinaufnimmt; wie in Mt 17,1a werden *drei* namentlich genannt: Aaron, Nadab und Abihu.

„Und er wurde verwandelt vor ihnen.“ (Mt 17,2)

Das griechische Wort für „verwandeln“, *metamorphizein*, ist uns als Fremdwort bekannt: Metamorphose. In der griechisch-römischen Kultur ist das eine typische Kunst der Götter. Sie können sich in Tiere oder in Menschen verwandeln – und sich in dieser veränderten Erscheinung den Menschen zeigen. In der Literatur werden gewöhnlich das Aussehen und die Kleidung beschrieben, die sie für ihre Metamorphose ausgewählt haben, z. B. wenn die Göttin Athene dem Odysseus erscheint:

> Da nahte Athene, glich an Gestalt einem jungen Mann, einem zierlichen Schafhirt, so wie die Kinder von Herrschern erscheinen. Sie trug einen Umhang, trefflich gefertigt und doppelt gefaltet über den Schultern, trug an den zarten Füßen Sandalen, die Lanze in Händen. Freudig wurde Odysseus beim Anblick … (Homer, Odyssee 13,221–226)

Auch in der Verklärungserzählung werden das veränderte Aussehen Jesu und die verwandelte Kleidung beschrieben; dafür stellen sich jedoch Assoziationen zum Mose der Sinai-Erzählung ein.

„Und es leuchtete sein Gesicht wie die Sonne. Seine Kleider aber wurden weiß wie das Licht.“ (Mt 17,2)

Als Mose die Herrlichkeit Gottes auf dem Sinai geschaut hat und wieder den Berg heruntersteigt, wird von ihm erzählt:

[29]Als Mose vom Sinai herunterstieg, hatte er die beiden Tafeln des Bundeszeugnisses in der Hand. Während Mose vom Berg herunterstieg, wusste er nicht, dass die Haut seines Gesichtes strahlte, weil er mit ihm geredet hatte. [30]Aaron und alle Israeliten sahen Mose und siehe: Die Haut seines Gesichtes strahlte und sie fürchteten sich, in seine Nähe zu kommen. (Ex 34,29–30)

Wie Mose strahlt auch Jesus die Herrlichkeit Gottes wider, die aus der Begegnung mit Gott selbst kommt. Auch von seinem Gesicht strahlt das Licht Gottes. Dass man sich den heiligen Gott Israels von hellstem Licht umstrahlt vorstellt, schildert z. B. der Prophet Habakuk (Hab 3,3–4; vgl. Ps 104,2):

[3]Gott kommt von Teman her, der Heilige kommt vom Gebirge Paran. Seine Hoheit überstrahlt den Himmel, sein Ruhm erfüllt die Erde. [4]Und ein Leuchten wie Licht wird sein, Strahlen gehen aus von seiner Hand, in ihnen verbirgt sich seine Macht.

Verstärkt findet sich diese Vorstellung in der apokalyptischen Literatur, wo die Helligkeit des göttlichen Lichts mit dem Leuchten der Sonne verglichen und auch auf das Gewand Gottes bezogen wird, z. B. im äthiopischen Henochbuch:

[18]Ich blickte hin und sah darin einen hohen Thron, und sein Aussehen war wie Reif, und sein Umkreis war wie die Sonne, die leuchtet, und wie die Stimme der Kerubim. [19]Und unterhalb des Thrones kamen Ströme flammenden Feuers hervor, und man vermochte ihn nicht anzusehen. [20]Und die große

Herrlichkeit saß darauf, und ihr Gewand war strahlender als die Sonne und weißer als aller Schnee. (äthHen 14,18–20)

Die drei Schüler, die Jesus mit auf den Berg nimmt, sehen also in Jesus ein Abbild der Herrlichkeit Gottes. Sowohl auf seinem Gesicht als auch in seinen Kleidern spiegeln sich göttlicher Glanz und himmlische Herrlichkeit.

Dreimal folgt nun im Text ein „siehe" als Aufmerksamkeitssignal. In drei Anläufen wird die Bedeutung der Metamorphose Jesu mit Anspielungen auf alttestamentliche Texte und Vorstellungen expliziert.

„*Und siehe:* Es erschien ihnen Mose und Elija." (Mt 17,3)

Mose und Elija bilden in verschiedener Hinsicht ein Duo: Sie verkörpern Gesetz (durch Mose vermittelt) und Propheten (Elija). Der eine steht am Anfang der Bundeserzählung, der andere an deren Ende, als Vorbereiter auf das Kommen Gottes zum Gericht, so zu lesen in Mal 3,22–24:

[22]Gedenkt der Weisung meines Knechtes Mose; am Horeb habe ich ihm Gesetze und Rechtsentscheide übergeben, die für ganz Israel gelten. [23]Bevor aber der Tag des HERRN kommt, der große und furchtbare Tag, seht, da sende ich zu euch den Propheten Elija. [24]Er wird das Herz der Väter wieder den Söhnen zuwenden und das Herz der Söhne ihren Vätern, damit ich nicht komme und das Land schlage mit Bann.

Jesus wird also in diese „Gesellschaft" eingereiht. Wenn es in Mt 5,17 von Jesus heißt: „Denkt nicht, ich sei gekommen, um das Gesetz und die Propheten aufzuheben!

Ich bin nicht gekommen, um aufzuheben, sondern um zu erfüllen", dann erscheinen den Schülern Jesu die Repräsentanten der Verkündigung und Aktualisierung des Gotteswillens schlechthin. In der Verklärungserzählung können die Schüler sehen, wie sich Jesus mit seinen Partnern unterhält. Von den Leuten wird Jesus für Elija gehalten (vgl. Mt 16,13–16), was im Matthäusevangelium jedoch zu Recht korrigiert wird, und zwar im Gespräch während des Abstiegs vom Berg der Verklärung: Johannes der Täufer, kapieren die Schüler, ist der (wiedergekommene) Elija (vgl. Mt 17,10–13). Umgekehrt kündigt der Täufer in Mt 3,11–12 seinerseits einen „Stärkeren" an, der *nach* ihm kommen soll; gemeint ist Jesus.

Aber wie ist es möglich, dass Elija in einer anderen Gestalt, also in einer Metamorphose *als* Johannes, „wiederkommen" kann? Das betrifft das zweite Merkmal, das Mose und Elija verbindet: Beide wurden nach jüdischer Überlieferung in den Himmel entrückt und stehen dort (so die Vorstellung der apokalyptischen Theologie) für eine bestimmte Aufgabe in der Endzeit bereit, wie das für Elija in Mal 3,23–24 konkretisiert wird. Von seiner Entrückung erzählt 2 Kön 2,9–11, von der Entrückung des Mose nicht ganz so deutlich Dtn 34,6, wonach man sein Grab nicht finden kann. Klar wird die daraus gefolgerte Entrückung jedoch vom jüdischen Priester und Historiker Josephus Flavius ausgesprochen, der im 1. Jahrhundert n. Chr. gelebt, den Untergang des Tempels miterlebt und dann in Rom eine Geschichte des jüdischen Volkes verfasst hat. In seiner Schrift „Jüdische Altertümer" ist zu lesen:

Als Moses sich nun wegbegab nach dem Orte, wo er dem Anblick entrückt werden sollte, folgten ihm alle weinend nach. Moses aber winkte den weiter Entfernten mit der Hand, dass sie ruhig stehen bleiben sollten. Die ihm näher Stehenden hingegen ermahnte er, dass sie ihm dadurch, dass sie ihm folgten, den Abschied noch erschweren … und nur die Ältesten, der Hohepriester Eleazar und der Heerführer Josua begleiteten ihn. Als er nun auf dem Berge Abar angekommen war …, entließ er die Ältesten. Darauf umarmte er den Eleazar und den Josua, und während er noch mit ihnen sprach, ließ sich plötzlich eine Wolke auf ihn herab, und er entschwand in ein Tal. (Ant 4,323)

Dieses Duo der beiden Entrückten umgibt Jesus, womit wohl seine eigene Zukunft angedeutet werden soll: Auch er wird entrückt werden – und dann ebenfalls wiederkommen: als „Menschensohn“ (vgl. Mt 17,9d), um das Gericht Gottes durchzuführen, wie wir später erfahren werden (vgl. Mt 25,31–46). Gleich nach seiner Auferstehung zeigt sich Jesus seinen Schülern schon in dieser Stellung (Mk 28,16–20; vgl. VII/2. Berg-Text, S. 136). Aber so weit sind wir noch nicht.

Was Mose und Elija angeht, ist bemerkenswert, dass in der griechischen Übersetzung des Alten Testaments, in der sogenannten Septuaginta, in Mal 3,22–24 die Reihenfolge der beiden Gestalten umgedreht wird, also zuerst vom Wiederkommen des Elija gesprochen wird – und dann von Mose. Nachdem der Matthäus-Evangelist nicht nur selbst Griechisch schreibt, sondern sich auch immer auf den griechischen Text des Alten Testaments bezieht und außerdem Johannes den Täufer mit dem wiedergekommenen Elija identifiziert, könnte er in Jesus, der nach dem Täufer kommt, entsprechend der veränderten Reihenfolge in der griechischen Version von Mal 3,22–24 den wiedergekommenen Mose gesehen haben. Das passt zur Szenerie der Bergpredigt (vgl. II/7. Die bekannte (Sinai)Szenerie – und die feinen Unterschiede, S. 67) und zu dem, was die „Stimme aus der Wolke" in Mt 17,5 sagt (S. 109).

In den gedruckten Bibelausgaben seit Martin Luther im 16. Jahrhundert und katholischerseits seit 1956, erstmals in der Jerusalemer Bibel, bilden die Verse Mal 3,22–24, die Abschlussverse dieses Prophetenbuches, zugleich den Abschluss des Alten Testaments – und damit den theologisch passenden Übergang zum Neuen Testament, beginnend mit dem Matthäusevangelium.

„Wenn du willst, werde ich hier drei Zelte machen, für dich eines und für Mose eines und für Elija eines."
(Mt 17,4)

Die scheinbare Verlegenheitsreaktion des Petrus, für die drei himmlischen Gestalten drei Zelte bauen zu wollen, ist – auf dem Hintergrund des Alten Testaments gehört – der Situation eigentlich völlig angemessen. Denn in Ex 24 erscheint am siebten Tag die Herrlichkeit Gottes. Gemäß der Fortsetzung im Buch Exodus ist es genau dieser siebte Tag, an dem Gott die Anweisungen für den Bau eines *Zeltes* gibt (Ex 25 – 31), in dem er fortan unter den Israeliten wohnen möchte. Zu Mose sagt Gott (hier entsprechend der griechischen Übersetzung des Alten Testaments; Unterschiede gegenüber dem hebräischen Text sind kursiv angezeigt):

25 [8]Und du sollst mir ein Heiligtum errichten und ich werde
unter euch *erscheinen.* [9]Und *du* sollst *mir* bei allem genau das
machen, was ich dir *auf dem Berg* zeige, das Modell des *Zeltes*
nämlich und das Modell seiner ganzen Ausstattungsgeräte; so
sollst du es machen … **26** [1]Und das *Zelt* sollst du aus zehn Vor-
hangbahnen … machen … [7]Und du sollst Bahnen aus haari-
gen Lederdecken machen *als Bedeckung* auf dem *Zelt.*

Genau diese Vorstellung überträgt Petrus auf die Himmelserscheinung des Verklärungsberges: Er will drei Zelt-Tempel für die Himmelsbewohner bauen; will ihnen einen ihnen angemessenen Wohnplatz auf Erden verschaffen, drei Verehrungs- und Begegnungsorte für die Menschen. Dem jedoch widerspricht die „Stimme aus der Wolke".

„*Siehe*: Eine lichte Wolke überschattete sie." **(Mt 17,5)**

Das zweite Deute-Ereignis des Geschehens ist die „lichte" (wohl von der Herrlichkeit Gottes durchleuchtete) Wolke, die die Schüler (!) „überschattet". In der Sinai-Erzählung „überschattet" die Wolke das „Zelt der Begegnung" Gottes und ist damit sichtbares Zeichen seiner Anwesenheit im Zelt unter der Wolke, so Ex 40,34–38 (hier wiederum entsprechend der griechischen Übersetzung des Alten Testaments):

34 Und die Wolke verhüllte das Zelt des Zeugnisses (hebr.: Zelt
der Begegnung), und *das Zelt* (hebr.: die Wohnung) *wurde er-*
füllt von der Herrlichkeit des Herrn. 35 Und Mose vermochte
nicht, in das Zelt des Zeugnisses hineinzugehen, weil die Wolke es *überschattete* und *das Zelt erfüllt war von* der Herrlichkeit des Herrn. 36 Sobald aber die Wolke von *dem Zelt* aufgestie-
gen war, brachen die Israeliten *mit ihrem Hausrat* auf. 37 Wenn
die Wolke aber nicht aufstieg, brachen sie nicht auf, bis zu dem
Tag, an dem *die Wolke* aufstieg. 38 Denn die Wolke war tagsüber
auf *dem Zelt* und Feuer war *auf ihm* nachts, vor ganz Israel auf
all seinen Wanderungen.

Das Wolkensymbol präzise in die Raumsituation der Verklärungserzählung versetzt, wo die Wolke die Schüler überschattet, besagt: Sie selbst repräsentieren den Zelt-Tempel Gottes auf Erden. In der letzten Bergszene und zugleich der Abschluss-Szene des Evangeliums wird das expliziert (vgl. VII/7. Wie der „Lehrtempel" Jesu gedacht ist, S. 148).

„*Und siehe*: Eine Stimme aus der Wolke sprach." (Mt 17,5)

Das dritte Deute-Ereignis ist die „Stimme aus der Wolke":

Die Herrlichkeit des Herrn nahm Wohnung auf dem Berg Sinai und die Wolke bedeckte den Berg sechs Tage lang. Am siebten Tag rief er mitten aus der Wolke Mose herbei. (Ex 24,16)

Es ist Gott selbst, der in seiner Herrlichkeit aus der Wolke zu den Menschen spricht, in der Sinai-Erzählung zu Mose, jetzt auf dem Verklärungsberg zu den Schülern.

„Dieser ist mein geliebter Sohn, an dem ich Wohlgefallen gefunden habe. Hört auf ihn!“

(Mt 17,5)

Die Botschaft der Stimme wiederholt jetzt für das Trio Petrus, Jakobus und Johannes, was Jesus schon bei seiner Taufe zugesprochen bekam (vgl. Mt 3,17), ergänzt aber andererseits als Aufforderung an die Adressaten: „Hört auf ihn!“ Das ist ein eindeutiges Echo aus Dtn 18,15–18. Dort referiert Mose den Israeliten, was Gott zu ihm gesagt hat:

15Einen Propheten wie mich wird dir der Herr, dein Gott, aus deiner Mitte, unter deinen Brüdern, erstehen lassen. Auf ihn sollt ihr hören. 16Der Herr wird ihn als Erfüllung von allem erstehen lassen, worum du am Horeb, am Tag der Versammlung, den Herrn, deinen Gott, gebeten hast, als du sagtest: Ich kann die donnernde Stimme des Herrn, meines Gottes, nicht noch einmal hören und dieses große Feuer nicht noch einmal sehen, ohne dass ich sterbe. 17Damals sagte der Herr zu mir: Was sie von dir verlangen, ist recht. 18Einen Propheten wie dich will ich ihnen mitten unter ihren Brüdern erstehen lassen. Ich will ihm meine Worte in den Mund legen und er wird ihnen alles sagen, was ich ihm gebiete.

Ein Prophet *wie* Mose wird dem Volk versprochen. Und auf ihn sollen die Israeliten hören. Seine Aufgabe ist es, genau das zu erfüllen, worum die Israeliten Mose am Sinai gebeten haben, nämlich anstatt die donnernde Stimme unter Feuer hören zu müssen, lieber die Gebote Gottes von Mose vermittelt zu bekommen. Ein solcher Mosegleicher Prophet, dem Gott jeweils neu in den Mund legt, was für die jeweils neue Situation sein Wille ist, soll den Israeliten „erweckt" werden. Diesen „Erweckten" in seiner himmlischen Gestalt als in den Himmel Entrückten sehen die Schüler vor sich: Jesus. Ihm (genauso wenig wie Mose und Elija) sollen sie keinen Zelt-Tempel bauen, sondern auf seine Worte hören; auf das, was er ihnen als Gottes Gebote aufträgt. Ganz deutlich wird Jesus als dieser Mose-gleiche Prophet in der Bergpredigt inszeniert (vgl. II/7. Die bekannte (Sinai)Szenerie – und die feinen Unterschiede, S. 67).

Kaum ist die Stimme aus der Wolke verklungen, nähert sich Jesus seinen Schülern wieder in ganz normal menschlicher Gestalt und holt sie, nachdem sie geschaut haben, wer er wirklich ist, wieder in die gewöhnliche Alltagswelt zurück, trägt ihnen auf, über das Geschaute bis zu seiner Auferweckung nicht zu reden – und steigt mit ihnen vom Berg der Verklärung wieder in die Niederungen des Alltags hinunter.

VI.
SCHULE DES GEBETES

Getsemani am Ölberg (Mt 26,36–46)

1. Einstieg in den Tag (Ps 42,6 – 43,5)

Psalmen sind Mustergebete für alle Stimmungslagen: für Freude genauso wie für Trauer – und auch für Depression und Angst. Plastische Bilder spiegeln innere Erfahrungen. Der Refrain der Psalmen 42 und 43 spricht vom „Bedrücktsein“ und vom „Ächzen“ der Seele.

42 6Was bist du bedrückt, meine Seele, und was ächzt du in mir? Harre auf Gott; denn ich werde ihm noch danken für die Rettung in seinem Angesicht. 7Bedrückt ist meine Seele in mir, darum gedenke ich deiner im Jordanland, am Hermon, am Berg Mizar. 8Flut ruft der Flut zu beim Tosen deiner stürzenden Wasser, all deine Wellen und Wogen zogen über mich hin. 9Bei Tag entbietet der Herr seine Huld und in der Nacht ist sein Lied bei mir, ein Gebet zum Gott meines Lebens. 10Sagen will ich zu Gott, meinem Fels: Warum hast du mich vergessen? Warum muss ich trauernd einhergehn, von meinem Feind unterdrückt? 11Es trifft mich zu Tode in meinen Gebeinen, dass meine Bedränger mich verhöhnen, da sie den ganzen Tag zu mir sagen: Wo ist dein Gott? 12*Was bist du bedrückt, meine Seele, und was ächzt du in mir? Harre auf Gott; denn ich werde ihm noch danken, der Rettung meines Angesichts und meinem Gott.* **43** 1Verschaff mir Recht, Gott, und führe meinen Rechtsstreit gegen ein treuloses Volk! Rette mich vor den bösen und tückischen Menschen! 2Denn du bist der Gott meiner Zuflucht. Warum hast du mich verstoßen? Warum muss ich trauernd umhergehn, vom Feind unterdrückt? 3Sende dein Licht und deine Wahrheit; sie sollen mich leiten; sie sollen mich bringen zu deinem heiligen Berg und zu deinen Wohnungen. 4So will ich kommen zu Gottes Altar, zum Gott meiner

Freude und meines Jubels. Ich will dir danken zur Leier, Gott, du
mein Gott. [5]*Was bist du bedrückt, meine Seele, und was ächzt
du in mir? Harre auf Gott; denn ich werde ihm noch danken, der
Rettung meines Angesichts und meinem Gott.*

2. Der Berg-Text (Mt 26,36–46)

[36]Dann kommt zusammen mit ihnen Jesus zu einem Landgut,
genannt Getsemani, und er sagt den Schülern: Setzt euch da,
solange ich, nachdem ich weggegangen bin, dort bete! [37]Und
beiseitenehmend den Petrus und die zwei Söhne (des) Zebedäus, begann er betrübt zu werden und Angst zu haben. [38]Da
sagt er ihnen: ‚Ganz betrübt ist meine Seele' bis zum Tod;
bleibt hier und wacht zusammen mit mir!
[39]Und vorgehend ein wenig, fiel er auf sein Gesicht, betend und
sagend: Mein Vater, wenn es möglich ist, soll vorübergehen an
mir dieser Becher; jedoch nicht wie ich will, sondern wie du!
[40]Und er kommt zu den Schülern und findet sie schlafend, und
er sagt dem Petrus: So vermochtet ihr nicht eine einzige Stunde zu wachen zusammen mit mir? [41]Wacht und betet, damit ihr
nicht hineinkommt in Versuchung! Der Geist (ist) zwar bereitwillig, das Fleisch aber schwach.
[42]Wieder, *zum zweiten (Mal)*, nachdem er weggegangen war,
betete er, sagend: Mein Vater, wenn es nicht möglich ist, dass
dieser (Becher) vorübergeht, ohne dass ich ihn trinke, soll geschehen dein Wille! [43]Und gekommen, wieder fand er sie schlafend, denn es waren ihre Augen beschwert.
[44]Und lassend sie, wieder weggegangen, betete er *zum dritten
(Mal)*, dasselbe Wort wieder sprechend. [45]Dann kommt er zu

den Schülern und sagt ihnen: Schlaft ihr weiter und ruht euch aus? Siehe, die Stunde ist da, und der Sohn des Menschen wird übergeben in die Hände von Sündern. [46]Steht auf, gehen wir! Siehe, da ist der mich Übergebende.

3. Impuls beim Abmarsch

In jedem Leben gibt es ein Getsemani, manchmal sogar mehrere: Ich weiß nicht mehr ein noch aus. Eine lebensbedrohliche Operation steht bevor. Meine Partnerschaft ist zerbrochen. Ich fühle mich absolut alleingelassen, auch von meinen „Freunden“ und „Freundinnen“. Ich sehe nur noch hämische Gesichter, die sich über meinen Absturz freuen. Ich habe mich selbst in eine ausweglose Situation gebracht und weiß nicht, wie ich da wieder herauskommen soll. Ich habe meinen Glauben an meinen Gott verloren. Ich möchte glauben, aber es geht einfach nicht mehr.

Gott sei Dank stehe ich damit nicht allein da. Und Gott sei Dank erzählen sich die ersten Christusgläubigen eine solche Angst- und Absturzgeschichte auch von Jesus – und wie er sich langsam, sehr langsam und erst allmählich dazu aufrafft, sich einzugestehen, dass am „bittern Kelch“ kein Weg vorbeiführt und auch Gott ihn nicht „heraushauen“ wird. Und er weiß nicht einmal den Grund dafür. Aber er geht diesen Weg …

Impulsfragen für den Weg

Ich denke an die Getsemani-Stunden in meinem Leben:

- Was habe ich dabei gefühlt? Was gedacht?
- Was hat mir geholfen?
- Was hat mich noch mehr in Verzweiflung gebracht?
- Wie lange hat es gedauert, bis ich wieder Boden unter den Füßen hatte?
- Woran habe ich das gespürt?

4. Gipfelgebet

Gott,
manchmal können wir dich nicht mehr anrufen,
können wir nicht mehr zu dir beten.
Wir möchten am liebsten das Kreuz von der Wand reißen.
Warum lässt du uns manchmal so allein?
Ohne ein Hilfezeichen.
Ohne einen Beistand.
Warum lässt du uns manchmal
so in den Abgrund stürzen?
Warum?
Und doch fangen wir immer wieder an,
zu dir zu rufen –
auch wenn es zuerst nur ein Anschreien ist
und wir mit Wut deinen Namen nennen.
Gott, dürfen wir glauben,
dass es am Ende du selbst bist,
der uns dir wieder zuwendet,
auch wenn es im Zorn geschieht?

5. Meine Gipfelgedanken

Was mir heute durch den Kopf gegangen ist …

6. Tagesausklang

Herr, in mir ist es finster, aber bei dir ist das Licht.
Ich bin einsam, aber du verlässt mich nicht.
Ich bin kleinmütig, aber bei dir ist Hilfe.
Ich bin unruhig, aber bei dir ist der Friede.
Ich verstehe deine Wege nicht, aber du weißt den Weg für mich.

(Dietrich Bonhoeffer, 1906–1945)

7. Exegetische Vertiefung

Die Getsemani-Episode ist unter die Bergtexte des Matthäusevangeliums aufgenommen, weil im Vorfeld erzählt wird, dass Jesus nach dem letzten Abendmahl „hinausging zum Berg der Ölbäume" (Mt 26,30), eine alte Bezeichnung für den Berg, der dem Tempelberg gegenüber liegt. Zwischen beiden Bergen liegt das Kidrontal. König David flieht mit seinen Getreuen auf diesem Weg aus Jerusalem in die Wüste, als sein Sohn Abschalom gegen ihn putscht (vgl. 2 Sam 15,23.30). In der jüdischen Tradition wird auf dem Ölberg das Erscheinen Gottes zum Endgericht erwartet (vgl. Sach 14,4–5). Auf dem Weg dorthin sagt Jesus seinen Schülern voraus, dass sie noch in dieser Nacht an ihm „Anstoß nehmen" und sich von ihm abwenden werden, wogegen sich vor allem Petrus wehrt: „Und selbst wenn ich zusammen mit dir sterben müsste, werde ich dich auf keinen Fall verleugnen". Aber auch alle anderen aus dem Zwölferkreis (vgl. die präzise Angabe in Mt 26,20), also niemand anders als die zwölf Apostel (vgl. Mt 10,2), versichern Jesus das Gleiche (vgl. Mt 26,31–35).

So kommen sie zu jenem Landgut, das den Namen Getsemani (hebr. für „Ölkelter") trägt. Offensichtlich liegt es im Kidrontal, wo sich viele Höhlen befinden – die billigste Übernachtungsmöglichkeit für Pilger. Dort macht in dieser Nacht auch Jesus Stopp, wogegen er in den vorausgegangenen Nächten in Betanien übernachtet hat (vgl. Mt 21,17; 26,6).

Der Erzähltext der Getsemani-Episode (Mt 26,36–46) zeigt nach einer Einleitung (VV. 36–38) dreimal die gleiche Abfolge: Jesus geht weg, um zu beten, kommt zu den Schülern zurück – und findet sie schlafend. Dabei setzt das Matthäusevangelium gegenüber der gleichen Episode in seiner literarischen Vorlage, dem Markusevangelium, ganz eigene Akzente, die sich im sogenannten synoptischen Vergleich („Zusammenschau" der beiden Texte) sehr einfach erkennen lassen.

Mt 26 36 Dann kommt **zusammen mit ihnen** Jesus
zu einem Landgut, genannt Getsemani,
und er sagt den Schülern:
Setzt euch da,
solange ich, **nachdem ich weggegangen bin,**
dort bete!

Mk 14 [32]Und sie kommen
zu einem Landgut, dessen Name Getsemani,
und er sagt seinen Schülern:
Setzt euch hier,
solange ich
bete!

Das Matthäusevangelium akzentuiert gegenüber dem Markusevangelium die Beziehung Jesu zu den Schülern: Er kommt *zusammen mit ihnen.* Am Ende, bei der Verhaftung, verlassen ihn alle, und er ist allein (vgl. Mt 26,56). Das Matthäusevangelium betont, dass Jesus zum Beten *weggeht,* während er den Schülern befiehlt: „Setzt euch da!" In dieser Gegenüberstellung kann man eventuell eine Anspielung auf Gen 22,5 hören, wo Abraham, als er den Berg sieht, auf dem er seinen Sohn Isaak opfern soll, zu seinen Knechten (in der griechischen Übersetzung des Alten Testaments) mit genau denselben Worten sagt: „Setzt euch da …, ich aber und der Knabe wollen weggehen bis dort und anbeten …"

Mt 26 [37]Und beiseitenehmend den Petrus
und **die zwei Söhne (des) Zebedäus**,
begann er **betrübt zu werden**
und Angst zu haben.
[38]Da sagt er ihnen:
„Ganz betrübt ist meine Seele" bis zum Tod;
bleibt hier und wacht **zusammen mit mir**!

Mk 14 [33]Und er nimmt beiseite den Petrus
und [den] Jakobus und [den] Johannes mit sich,
und er begann zu erschrecken
und Angst zu haben,
[34]und er sagt ihnen:
„Ganz betrübt ist meine Seele" bis zum Tod;
bleibt hier und wacht!

Mit den „zwei Söhnen des Zebedäus" sind Jakobus und Johannes gemeint (vgl. Mt 4,21–22). Es sind also die gleichen Schüler wie im Markusevangelium, die Jesus beiseitenimmt. Aber anders als dort wird dieses Trio im Matthäusevangelium nur hier und in der Verklärungserzählung genannt. Sie erleben Jesus in zwei Extremsituationen: den himmlisch Erhöhten im Lichtglanz Gottes und den irdisch Verzagten. Wenn im Matthäusevangelium auf das Brüderpaar in der verschlüsselten Bezeichnung „die Söhne des Zebedäus" verwiesen wird, soll vermutlich die Szene aufgerufen werden, in der „die Mutter der Söhne des Zebedäus" bei Jesus darum bittet, dass „meine beiden Söhne" einmal die Ministerposten rechts und links von ihm einnehmen dürfen, wenn er in seiner Herrlichkeit kommt. Auf die Rückfrage Jesu, ob sie denn auch „den Becher" trinken können, den er trinken muss, antworten sie stolz: „Wir können!" (vgl. Mt 20,20–22). In dieser Linie denkt man bei Petrus natürlich an sein Versprechen noch auf dem Weg nach Getsemani, sogar „zusammen mit" (!) Jesus zu sterben bereit zu sein (vgl. Mt 26,35). Das alles wird jetzt auf die Probe gestellt, wenn

Jesus im Matthäusevangelium ausdrücklich darum bittet: „Bleibt hier und wacht *zusammen mit mir*!"

Schon für die Schilderung des Gemütszustandes Jesu greift das Matthäusevangelium die Psalmensprache auf („betrübt"), die Jesus dann selbst verwendet, wenn er den Refrain der Psalmen 43 – 44 rezitiert (vgl. VI/1. Einstieg in den Tag, S. 114). Jesus erfährt etwas, was vielen Psalmenbetern vertraut ist, und bringt es mit ihren Worten zum Ausdruck.

Mt 26 39Und vorgehend ein wenig,
fiel er **auf sein Gesicht**, betend und sagend:

Mein Vater,
wenn es möglich ist,
soll vorübergehen an mir dieser Becher;
jedoch nicht **wie** ich will, sondern wie du!

Mk 14 35Und vorgehend ein wenig,
fiel er auf die Erde und betete,
damit, wenn es möglich ist, vorübergehe weg von ihm die Stunde,
36und er sagte:
Abba, Vater,
alles (ist) dir möglich;
nimm fort diesen Becher weg von mir;
aber nicht was ich will, sondern was du!

Deutlicher als im Markusevangelium vollzieht Jesus im Matthäusevangelium eine Proskynese vor Gott (vgl. I/7.

Die Proskynese als Ritus *vor* der Herrschaftsübertragung, S. 43). Das Matthäusevangelium streicht das Gebetsreferat (Mk 14,35) und lässt uns nur das von Jesus gesprochene Gebet hören. Dabei wird Gott nicht mit der aramäischen Vateranrede „Abba" angesprochen, sondern nur auf Griechisch mit „*Mein Vater*". Das lässt an den Text des „*Unser Vater*"-Gebetes denken (vgl. Mt 6,9), den Jesus hier für sich individualisiert. Anders als im Markusevangelium appelliert Jesus im Matthäusevangelium nicht an die Allmacht Gottes und fordert auch nicht, diesen Becher von ihm „wegzunehmen", sondern bittet darum, ihn „vorübergehen" zu lassen, sofern das Gott möglich ist, er also ein Schlupfloch dafür findet. Auch geht Jesus im Matthäusevangelium nicht von einem festen Plan aus („*was* ich will"), sondern eher großräumig von den Umständen, *wie* verhindert werden könnte, den „Becher" trinken zu müssen. Außerdem wird jetzt konkret, was mit „dem Becher" im Zebedaidengespräch gemeint ist: das Jesus von Gott zugeteilte Unheilsgeschick (vgl. Jer 49,12) – seine Gefangennahme und Kreuzigung.

Mt 26 40 Und er kommt **zu den Schülern**
und findet sie schlafend,
und er sagt dem Petrus:

So vermochtet **ihr** nicht eine einzige Stunde zu
wachen **zusammen mit mir**?

Mk 14 [37]Und er kommt
und findet sie schlafend,
und er sagt dem Petrus:
Simon, du schläfst?
Nicht vermochtest du, eine einzige Stunde zu wachen?

Das Matthäusevangelium betont, dass es die Schüler, also die zwölf Apostel sind, die schlafen! Obwohl der Tadel auch im Matthäusevangelium an Petrus gerichtet ist, wird er, der im Matthäusevangelium ja „der Erste“ ist (Mt 10,2) und „der Fels“ genannt wird (Mt 16,18), weder degradierend mit seinem ursprünglichen Namen „Simon“ angesprochen (vgl. dagegen Mt 17,25) noch persönlich bloßgestellt, sondern es werden *alle* Apostel in die Pflicht genommen („ihr“).

Mt 26 [41]Wacht und betet,
damit ihr nicht **hinein**kommt in Versuchung!
Der Geist (ist) zwar bereitwillig,
das Fleisch aber schwach.

Mk 14 [38]Wacht und betet,
damit ihr nicht kommt in Versuchung!
Der Geist (ist) zwar bereitwillig,
das Fleisch aber schwach.

Die kleine Veränderung im Matthäusevangelium hat großes Gewicht: Indem hier von „*hinein*-kommen“ in die Versuchung die Rede ist, wird erneut an den Text des „Unser Vater“-Gebetes erinnert, wo es heißt: „Und führe uns nicht *hinein* in Versuchung" (Mt 6,13). Jesus fordert die Schüler in der Getsemani-Episode direkt dazu auf, diese Bitte des Vaterunser jetzt für sich zu aktivieren (vgl. Exkurs: Und führe uns nicht in Versuchung!, S. 130).

Mt 26 [42]Wieder, zum zweiten (Mal),
nachdem er weggegangen war,
betete er, sagend:
Mein Vater,
wenn es nicht möglich ist,
dass dieser vorübergeht,
ohne dass ich ihn trinke,
soll geschehen dein Wille!

[43]Und gekommen,
wieder fand er sie schlafend,
denn es waren ihre Augen beschwert.

Mk 14 [39]Und wieder weggegangen,
betet er, dasselbe Wort sprechend.

[40]Und **wieder** gekommen,
fand er sie schlafend,
denn es waren ihre Augen ganz beschwert,
und nicht wussten sie, was sie ihm antworten sollten.

Während das Markusevangelium nur referiert, dass Jesus *dasselbe Gebet* wie vorher spricht, hören wir im Matthäusevangelium genau, was Jesus betet. Beim *zweiten Mal* ist es nicht dasselbe wie beim ersten Mal. Jesus stellt sich jetzt auf die Unmöglichkeit ein, dass der Becher vorübergehen könnte, und fügt sich damit in die Bitte des „Unser Vater"-Gebetes: „Geschehen soll dein Wille wie im Himmel so auf der Erde" (Mt 6,10). Anders als im Markusevangelium werden die Schüler nicht zur Rede gestellt. Das Matthäusevangelium streicht die Bemerkung, dass sie verdutzt *reagiert* hätten. Also werden sie von Jesus auch nicht belästigt. Das wird ganz deutlich im nächsten Vers.

Mt 26 [44]**Und lassend sie,**
wieder weggegangen,
betete er zum dritten (Mal),
dasselbe Wort wieder sprechend.

[45]Dann kommt er zu den Schülern und sagt ihnen:
Schlaft ihr weiter und ruht euch aus?

Mk 14 [41]Und er kommt **das dritte (Mal)** und sagt ihnen:
Schlaft ihr weiter und ruht euch aus?
Es ist genug.

Die Schüler werden im Matthäusevangelium nicht zur Rede gestellt. Jesus „lässt" sie schlafen – und geht „zum dritten" Mal zum Beten, wo er „dasselbe Wort" (im Sinn von „Gebet") spricht wie beim zweiten Mal, bringt also seine Ergebung in Gottes Willen zum Ausdruck. Im Markusevangelium ist überhaupt nicht davon die Rede, dass Jesus zum dritten Mal betet; das muss man aus seiner Rückkehr zu den Schülern erschließen. Durchgezählt wird im Markusevangelium nur, wie oft Jesus seine Schüler schlafend findet. Das Matthäusevangelium dagegen zählt die Gebetsphasen durch. „Schlaft ihr weiter und ruht euch aus?“ kann als ironisch gemeinter Fragesatz verstanden werden, dem das Markusevangelium noch die Empörung Jesu hinzufügt: „Jetzt reicht's aber!

Mt 26 45… Siehe, die Stunde **ist da**,
und der Sohn des Menschen wird übergeben
in *die* Hände von Sündern.
46Steht auf, gehen wir!
Siehe, da ist der mich Übergebende.

Mk 14 41… Gekommen ist die Stunde, siehe,
übergeben wird der Sohn des Menschen
in die Hände der Sünder.
42Steht auf, gehen wir!
Siehe, der mich Übergebende ist da.

Durch eine kleine stilistische Veränderung kommt es zu einer Rahmung der Aussage von der „Übergabe“ (nicht: Verrat!) des Menschensohnes: und zwar indem das Matthäusevangelium schon zu Beginn des Satzes das gleiche Verbum wie am Ende verwendet. Und dieses Verbum hat es in sich. Gewöhnlich wird es mit „es ist nahegekommen“ übersetzt. Aber es handelt sich um eine Perfektform (*enggiken*). Im Griechischen drückt das Perfekt eine in der Vergangenheit vollendete Handlung aus. Also jemand oder etwas hat sich genähert, hat die Annäherung vollendet – und ist jetzt da! Diese grammatikalische Präzisierung ist deswegen so wichtig, weil genau diese Perfektform im Matthäusevangelium noch an drei weiteren Stellen erscheint: jeweils als Aussage über das Königreich der Himmel: als Ansage des Täufers, Jesu und seiner Schüler. Und auch da müssen wir übersetzen: „Das Königreich der Himmel ist da", ist angekommen, nämlich im Auftreten und Handeln des Täufers, Jesu und seiner Schüler (vgl. Mt 3,2; 4,17; 10,7). Diese Ansage wird durch das gleiche Verb auch in der Getsemani-Episode aufgerufen: Zur (partiellen, punktuellen) Gegenwart des Königreichs der Himmel mitten unter den Königreichen dieser Erde gehört auch, dass Jesus „übergeben" wird: eben in die Hände von Menschen, die sich noch immer der Herrschaft der Könige dieser Erde fügen.

Insgesamt ergibt sich also:

(1) Die Getsemani-Episode ist die Kontrastszene zur Verklärungserzählung. Jesus hat, wie jeder Mensch, Angst – und bittet seinen Gott darum, dass er den ihm bevorstehenden Becher an ihm vorüberziehen lassen möge, ohne dass er ihn trinken muss.

(2) Die Erzählung betont, wie wichtig gerade in solchen Situationen die Gemeinschaft und der Rückhalt anderer Menschen ist – oder wäre („zusammen mit").

(3) Und sie erinnert daran, wie schnell große Versprechen vergessen werden (Petrus, Mt 26,69–75) oder ein Mensch fallen gelassen wird, wenn er große Hoffnungen vermutlich nicht mehr erfüllen kann (Söhne des Zebedäus).

(4) Die Getsemani-Episode ist im Matthäusevangelium eine Gebetsschulung. Jesus macht (den Leserinnen

und Lesern) vor, wie sie das Vaterunser in schwierigen Situationen für sich durchbuchstabieren und dadurch versuchen können, sich allmählich der unabwendbaren Situation zu stellen, indem sie den Lauf der Dinge dem Willen Gottes zuschreiben, aber ohne zu wissen oder in Erfahrung bringen zu können, was der Grund dafür ist.

(5) Im Kontext des Matthäusevangeliums wird das als eine „Versuchung“ erzählt, durch die Gott Jesus beispielhaft erprobt, aber nicht, um ihm eine Falle zu stellen, sondern um ihn zu stählen. Aus exegetischer Sicht muss man sagen: Das ist eine Glaubenssicht, ein Versuch, für unausweichliche Situationen einen Sinn zu postulieren, den man im Moment weder erkennen noch einsehen kann.

Exkurs: Und führe uns nicht in Versuchung!

Stellungnahme zur Debatte um die Vaterunser-Bitte aus biblischer Sicht

Ende 2017 hat Papst Franziskus die auch im Deutschen übliche Fassung der Vaterunser-Bitte „Und führe uns nicht in Versuchung“ kritisiert. Er meinte in einem Interview, dies sei „keine gute Übersetzung“. Es sei nicht Gott, der den Menschen in Versuchung stürze, um zu sehen, wie er falle. Denn „ein Vater tut so etwas nicht; ein Vater hilft sofort wieder aufzustehen. Wer dich in Versuchung führt, ist Satan“.

Hintergrund der dadurch ausgelösten Debatte war ein

Beschluss der französischen Bischöfe, in den Gottesdiensten anstatt „Et ne nous soumets pas à la tentation" (und unterwirf uns nicht der Versuchung) ab dem ersten Adventssonntag 2017 zu beten: „Et ne nous laisse pas entrer en tentation" (und lass uns nicht in Versuchung eintreten), frei ins Deutsche übersetzt: „Und lass uns nicht in Versuchung geraten!"

Was ist dazu zu sagen? Sollte die Vaterunser-Bitte auch im deutschen Sprachraum entsprechend geändert werden?

Die Intervention des Papstes ist sicher gut gemeint, aber aus philologischen wie biblisch-theologischen Gründen muss man sagen: Der Papst ist hier auf dem Holzweg. Denn die Übersetzung des in Mt 6,13 und Lk 11,4 gleichlautend überlieferten griechischen Textes ist eindeutig: „Und führe uns nicht hinein in Versuchung!" – und damit inhaltlich ebenso eindeutig auf Gott als Vater bezogen. Hinter dieser Aussage steht die Vorstellung vom Erziehungshandeln Gottes. Er „züchtigt/erzieht" (griech. *paideuein*) nicht nur sein Volk, sondern er „testet/prüft/erprobt" (griech. *peirazein*) es auch – und zwar in positiver Absicht: Er will es durch Schwierigkeiten trainieren, noch standfester seine Weisungen zu befolgen, die ihrerseits ja so etwas wie eine Lebenshilfe sein sollen, auch wenn man das manchmal nicht sofort merkt, sondern den Nachhaltigkeitseffekt erst in der Praxis allmählich entdecken kann. Leider wird das Wort, das dafür im Urtext steht *(peirazein)* nicht immer mit „prüfen" oder „erproben" übersetzt, sondern oft auch mit „versuchen" – und damit werden Assoziationen geweckt, die mit dem positiv ausgerichteten Erziehungshandeln Gottes nichts zu tun haben.

Exemplarisch umgesetzt wurde die Vorstellung vom Ertüchtigungshandeln Gottes in der Erzählung von der Wüstenwanderung – im Anschluss an den Bundesschluss am Sinai (vgl. I/7. „Versuchung“ als „qualifying test“ – auch im Alten Testament, S. 38). Da soll z. B. der Gewinn des freien siebten Tages durch Erprobung erlebt und die Sabbatpraxis geradezu trainiert werden. Dazu heißt es in Ex 16,4–5:

4Da sprach der Herr zu Mose: Ich will euch Brot vom Himmel regnen lassen. Das Volk soll hinausgehen, um seinen täglichen Bedarf zu sammeln. Ich will es prüfen [oder: erproben (*peirazein*)], ob es nach meiner Weisung lebt oder nicht. 5Wenn sie am sechsten Tag feststellen, was sie zusammengebracht haben, wird es doppelt so viel sein, wie sie sonst täglich gesammelt haben.

Und dann wird erzählt: Alle, die trotzdem auch am siebten Tag hinausgehen, um Manna zu sammeln, finden nichts … (vgl. Ex 16,27). Oder summarisch in Dtn 29,2–5:

2Mit eigenen Augen hast du jene schweren Prüfungen, die großen Zeichen und Wunder gesehen. 3Aber einen Verstand, der wirklich erkennt, Augen, die wirklich sehen, und Ohren, die wirklich hören, hat der Herr euch bis zum heutigen Tag nicht gegeben. 4Ich habe euch vierzig Jahre lang durch die Wüste geführt. Eure Kleider sind euch nicht in Lumpen vom Leib gefallen, deine Schuhe sind dir nicht an den Füßen zerrissen, 5ihr habt kein Brot gegessen und keinen Wein und kein Bier getrunken, denn ihr solltet erkennen: Ich bin der Herr, euer Gott.

Die Vorstellung vom „Erproben" des Gottesvolkes wurde im Rückblick entwickelt: für schwierige, unerklärbare Situationen, in denen man meint, Gott habe sein Volk verlassen, es preisgegeben. Werden solche Situationen jedoch vom „Erziehungshandeln" Gottes her verstanden, fällt auf sie ganz neues Licht: Gott als (guter) Vater hat sein Volk einem Test ausgesetzt, weil er sein „Kind" stählen und zum verlässlichen Bundespartner ausrüsten will, der Gottes Weisungen ganz bewusst als Lebensordnung praktiziert. Die gleiche Vorstellung gibt es auch im menschlichen Bereich, etwa für einen Freund in Sir 6,7: „Wenn du einen Freund gewinnen willst, gewinne ihn durch Erprobung und vertrau ihm nicht zu schnell!"

Ist dieses Verständnis vom Erziehungshandeln Gottes erst einmal etabliert, wie etwa im Rückblick auf den 40-jährigen Wüstenaufenthalt Israels, kann es auch als Deute-Vorlage für gegenwärtige und zukünftige Schwierigkeiten und katastrophale Lebenslagen eingesetzt werden, in dem Sinn: Mach dich auf „Prüfungen" (Gottes!) gefasst (vgl. Sir 2,1).

Anders das „Vaterunser". In der sogenannten „Versuchungsbitte" beten Christen darum, dass Gott einen solchen Test an ihnen möglichst *nicht* durchführen, sie vielmehr davor bewahren möge. Also: Christen sind in diesem Sinn kleine Feiglinge! Und Jesus gibt in der Getsemani-Perikope dazu sogar die entsprechende Verhaltensregel, wenn er seine Schüler auffordert, zu wachen und zu beten, damit sie „nicht hineinkommen in ‚Versuchung' (natürlich im Sinn von: Erprobung)" (Mt 26,41).

Genau das ist die Formulierung, mit der Papst Franziskus die übliche Übersetzung der Vaterunser-Bitte ersetzen möchte. Im Matthäusevangelium jedoch handelt es sich um deren generelle *Anwendung* im Gebetsleben der Schüler: Gott, verschone uns vor Ertüchtigungssituationen!

Kurz: Der Vorschlag des Papstes ist gut gemeint, aber der biblische Text ist radikaler, weil er Gott selbst „Versuchung" zuschreibt – und nicht einfach (nur) dem Teufel, der bei Ijob (vgl. 1,6–12; 2,1–7) genauso wie in der sogenannten Versuchungserzählung der Evangelien (vgl. I/7. Jesus – und der „qualifying test" für seine Lebensaufgabe, S. 40) im Auftrag Gottes handelt, aber eben „erproben" und nicht in eine „teuflische Versuchung" führen soll.

VII.
LETZTE WORTE

Der Berg der Sendung (Mt 28,16–20)

1. Einstieg in den Tag (Ps 72,1–7)

Ist die Weltordnung gerecht, geht es allen gut: den Menschen genauso wie der Natur. Aber es braucht Menschen, die für Gottes gerechte Weltordnung tatkräftig einstehen. Ps 72 bittet Gott um einen König, der genau das tun soll. In Jesu Spuren sind alle, die seine Schülerinnen und Schüler sein wollen, dazu berufen.

1 Verleih dein Richteramt, o Gott, dem König, dem Königssohn
gib dein gerechtes Walten. 2 Er regiere dein Volk in Gerechtigkeit und deine Elenden durch rechtes Urteil. 3 Dann tragen die
Berge Frieden für das Volk und die Hügel Gerechtigkeit. 4 Er
schaffe Recht den Elenden des Volks, er rette die Kinder der
Armen, er zermalme die Unterdrücker. 5 Er soll leben, solange die Sonne bleibt und der Mond – bis zu den fernsten Ge-
schlechtern. 6 Er ströme wie Regen herab auf die Felder, wie
Regenschauer, die die Erde benetzen. 7 In seinen Tagen spros-
se der Gerechte und Fülle des Friedens, bis der Mond nicht
mehr da ist.

2. Der Berg-Text (Mt 28,16–20)

16 Die elf Schüler aber machten sich auf den Weg nach Galiläa
auf den Berg, wohin Jesus ihnen (zu gehen) befohlen hatte.
17 Und als sie ihn sahen, huldigten sie –
sie aber zweifelten.
18 Und Jesus trat hinzu und redete zu ihnen, sagend:
Gegeben worden ist mir jede Vollmacht im Himmel
und auf der Erde.

19Zieht also los und macht alle Völker zu Schülern,
indem ihr sie tauft auf den Namen des Vaters und des
Sohnes und des heiligen Geistes,
20indem ihr sie lehrt, alles zu halten,
was ich euch aufgetragen habe.
Und siehe:
Ich selbst bin zusammen mit euch alle Tage bis zur
Vollendung der Weltzeit.

3. Impuls beim Abmarsch

Über den letzten Worten eines Menschen liegt ein besonderes Flair. Sie bleiben in Erinnerung, mehr als alles andere.

Goethe soll gesagt haben: „Mehr Licht!" Von Sokrates, dem gerade der Giftbecher gereicht wurde und dem dann die Beine schwer werden, wird als letztes Wort ein Auftrag überliefert: „O Kriton, wir sind dem Asklepios einen Hahn schuldig." Einen Hahn opfert man dem Gott Asklepios als Dank für eine Heilung. Kaiser Augustus schreibt man den Ausruf zu: „Das Spiel ist zu Ende, Applaus!" Der französische Komponist Georges Bizet, der vor allem durch seine Oper Carmen berühmt geworden ist, soll als Letztes gesagt haben: „Der kalte Schweiß. Das ist der Schweiß des Todes." In unserer unmittelbaren Gegenwart sind die letzten Worte von George Floyd um die Welt gegangen, die er mit letzter Kraft zu den Polizisten gehaucht hat, von denen einer ihm minutenlang sein Knie in den Nacken gedrückt hat, bis er ohnmächtig wurde: „Ich kann nicht atmen."

Vielleicht fallen uns jetzt auch letzte Worte Sterbender ein, die wir selbst miterlebt haben: von unseren Großeltern oder schon verstorbenen Eltern. So etwas geht unter die Haut. So etwas vergisst man nie. Das sitzt tief.

Das Matthäusevangelium endet mit letzten Worten Jesu. Er redet zu ihnen auf dem Berg, auf dem er sich seinen Schülern als Auferweckter zeigt. Sie sind im wahrsten Sinn des Wortes „gewaltige" Worte – und fordern heraus: die Schüler in der Erzählung genauso wie die Hörerinnen und Hörer bis heute. Sie sind Jesu bleibendes Testament.

Eine Reaktion auf die letzten Worte Jesu wird im Matthäusevangelium nicht erzählt. Abgelesen wird sie in jeder Zeit am Verhalten derer, die sich auf Jesus als ihren Herrn berufen. Wir Christen selbst sind lebendige Spiegel des Evangeliums. Unsere Lebensführung ist es, die Sehnsucht nach deren Quelle weckt; je einfacher und bescheidener, je offener und großzügiger sie ist, desto mehr.

Impulsfragen für den Weg

- An welche „letzten Worte" aus meinem Familien- oder Bekanntenkreis erinnere ich mich?
- Was möchte ich denen, die mir wertvoll sind, als Letztes sagen, wenn ich dann noch sprechen kann?

4. Gipfelgebet

Herr, unser Gott,
wir stehen heute auf dem letzten Gipfel
unserer Bergwoche
und haben die letzte Szene des Matthäusevangeliums
vom Berg in Galiläa im Ohr.
Auch uns hast du gerufen
und Sehnsucht nach dir geweckt.
Wir haben uns auf deinen Ruf eingelassen –
und wollen deine Schülerinnen und Schüler sein
und immer mehr werden.
Du hilfst uns, unsere Fähigkeiten zu entdecken,
zu entfalten und einzusetzen.
Du zeigst uns auch unsere Grenzen.
Lass uns mit diesen Erfahrungen wachsen
und loslassen, was uns dabei einengt.
Hilf uns zu Großmut und Barmherzigkeit,
damit wir an den Orten, an die du uns führst,
dein Evangelium leben
und so das Königreich der Himmel wachsen kann.

(nach Gotteslob 21,5)

5. Meine Gipfelgedanken

Was mir heute durch den Kopf gegangen ist …

6. Tagesausklang

So eine Lehrerin

Hüpfend
nach Hause
ein Schulkind.
So eine
Lehrerin
möchte ich
auch sein.

(Arnfrid Astel, 1933–2018)

Wie Franz von Assisi gepredigt hat

Eines Tages schlug *Franziskus* (1181–1226) einem Bruder vor: „Wir wollen in die Stadt gehen und dort den Leuten predigen." So machten sie sich auf den Weg nach Assisi, und sie gingen durch die Straßen über den Marktplatz und unterhielten sich dabei über ihre geistlichen Erfahrungen und Erkenntnisse. Erst, als sie wieder auf dem Weg nach Hause waren, rief der junge Mönch erschrocken aus: „Aber Vater, wir haben vergessen, den Leuten zu predigen!" Franz von Assisi legte lächelnd die Hand auf die Schulter des jungen Mannes: „Mein Bruder", antwortete er, „wir haben die ganze Zeit nichts anderes getan. Wir wurden beobachtet und Teile unseres Gesprächs wurden mitgehört. Unsere Gesichter und unser Verhalten wurden gesehen. So haben wir gepredigt." Dann fügte er hinzu: „Merke dir, mein Bruder: Es hat keinen Sinn zu gehen, um zu predigen, wenn wir nicht beim Gehen predigen!“

Bring mir die gute Nachricht für die Gegenwart!

Dein frommes Hörensagen ist nicht überzeugend:
Bring mir die gute Nachricht für die Gegenwart!
Was damals vor neunzehnhundert Jahren –
vielleicht ist's nicht gewesen: wie soll ich's wissen?
Das wirklich Heutige möcht ich gern spüren.
Ich kann nicht leben vom: es war einmal.
So mach die Bibel zu und zeig mir,
wie der Christus, den du meinst,
in diesen Tagen lebt.

(Sydney Carter, 1915–2004)

7. Exegetische Vertiefung

Die Episode auf dem Berg in Galiläa ist nicht nur die letzte Bergszene im Matthäusevangelium, sie bildet auch den Abschluss und zugleich den Höhe- und Kulminationspunkt der gesamten Erzählung – und natürlich hat Jesus das letzte Wort. Dass die (männlichen) Schüler, also die verbliebenen elf Apostel, sich überhaupt auf den Weg dorthin machen, verdanken sie den Frauen. Denn – anders als im Markusevangelium (vgl. Mk 16,8) – richten die Frauen im Matthäusevangelium die Botschaft des Engels im Grab (Mt 28,8), die dann von Jesus selbst, der ihnen als Erstzeuginnen erscheint, wiederholt wird (Mt

28,10), offensichtlich aus. Erzählt wird das nicht. Aber die Ausführung ihres österlichen Auftrags wird am Ergebnis sichtbar. In der folgenden Szene sehen wir die Elf genau dort, wohin sie nach der Weisung des Engels gehen sollen: auf dem Berg in Galiläa.

Die Elf, als sie Jesus sehen, vollziehen den Ritus der Proskynese, wie er als Huldigungs- und Unterwerfungsgeste vor Herrschern und Göttern üblich ist (vgl. I/7. Die Proskynese als Ritus *vor* der Herrschaftsübertragung, S. 43). Sie (man kann auch verstehen: einige) tun das jedoch nur äußerlich, innerlich ist ihre Haltung nicht eindeutig. Das ist der Sinn des griechischen Wortes *distazo*, das gewöhnlich mit „zweifeln" übersetzt wird (speziell für den Seewandel des Petrus erzählt in Mt 14,31).

Wie auf dem Berg der Verklärung „tritt" Jesus „hinzu", aber nicht, um die Schüler durch Berührung aus ihrer Vision wieder auf den Erdboden zu bringen, sondern um die Bedeutung der Erscheinung für ihre Gegenwart zu versprachlichen. Was sie dort auf dem Berg der Verklärung symbolisch als Jesu bevorstehende Zukunft „schauten", wird jetzt in Begriffe gefasst, die zentrale alttestamentliche Versatzstücke aufgreifen.

Der geheimnisvolle Menschensohn (Dan 7,13–14)

„Gegeben worden ist mir jede Vollmacht im Himmel und auf der Erde" (V. 18b). Mit ganz ähnlichen Worten wird in der Traumvision des Daniel der Menschensohn charakterisiert, der „mit den Wolken des Himmels" auf die Erde herabkommt und nach dem großen Weltgericht vor den „Hochbetagten“ – eine ehrfurchtsvolle Umschreibung Gottes – geführt wird. Und dann heißt es: „Ihm wurden Vollmacht bzw. die Herrschaft, die Würde und das Königtum gegeben.“ Denn, so sieht es Daniel in seinem Traum, die bestialischen Machthaber dieser Erde wurden – ganz in der Linie der apokalyptischen Theologie – von Gott entmachtet; und deshalb kann alle Macht dieser geheimnisvollen Gestalt des Menschensohnes, die im Himmel dafür offensichtlich bereitsteht, übergeben werden. Damit beginnt eine neue, ganz andere und endgültige Epoche: „Alle Völker, Nationen und Sprachen müssen ihm dienen. Seine Herrschaft ist eine ewige, unvergängliche Herrschaft. Sein Reich geht niemals unter.“ (Dan 7,14)

Typisch für die jüdische Theologie ist nun, dass die Identität des im Himmel für seine endzeitliche Aufgabe bereitstehenden Menschensohnes prinzipiell offengehalten wird – und damit ein Überraschungsmoment in sich birgt. Erst bei seinem Erscheinen wird man erkennen, *wer* den Menschensohn verkörpert. In der Deutung seiner Traumvision erfährt Daniel, dass der Menschensohn für die „Heiligen des Höchsten“ steht, die unter den bestialischen Königen schwer zu leiden hatten (vgl. Dan 7,18.21–22) – und denen der Hochbetagte in seinem Universalgericht nun Recht verschafft, indem er *ihnen* die Universalherrschaft überträgt, als Kooperativ-Königen sozusagen.

Was in der Vision des Daniel eine geträumte Zukunft ist, wird in Mt 28,18b für Jesus in der Gegenwart beansprucht. Er stellt sich mit deutlichem Anklang an Dan 7,14 seinen Schülern als von Gott bevollmächtigter Menschensohn vor, dem „jede Vollmacht im Himmel und auf Erden“ verliehen worden ist. Damit hat er am Ende mehr gewonnen als der Satan ihm in seiner Königs-Versuchungs-Erprobung angeboten hat (vgl. Mt 4,8–9; I/7. Die Szene auf dem „sehr hohen Berg“, S. 42) – allerdings auf dem Weg des „Königtums der Himmel“; also gerade wegen seines Dominanzverzichts Menschen gegenüber hat Jesus von Gott die allerhöchste Vollmacht geschenkt bekommen.

Aber wie, können wir nun fragen, kommt Jesus überhaupt in den Himmel, um seinen Schülern auf dem Berg von Galiläa als Menschensohn erscheinen zu können? Wann und wie wurde er zum Menschensohn eingesetzt? Schüler wie aufmerksame Leserinnen und Leser können das wissen: Die Verklärungserzählung hat dafür eine symbolische Verbindung gesetzt: Indem sich Mose und Elija – die beiden in den Himmel Entrückten – neben Jesus stellen, wird sichtbar, dass auch er in ihre Reihe gehört. Wenn sich Jesus in der Abschluss-Szene des Matthäusevangeliums als Menschensohn zeigt, als eine im Himmel für eine bestimmte endzeitliche Aufgabe bereitstehende Figur, dann – so müssen wir folgern – wurde auch er in den Himmel entrückt und zum Menschensohn ermächtigt. Das und nichts anderes ist das Ziel und das Ergebnis der Auferweckung Jesu aus den Toten. „Auferweckung“ wird im Matthäusevangelium als Voraussetzung für die Einsetzung zum Menschensohn – und damit als Machtübertragung an den von Gott erhöhten Gekreuzigten verstanden. In dieser von Gott verliehenen Hoheitsstellung wird er vom Evangelisten in seiner Abschluss-Szene präsentiert.

Die Gemeinde, also die hörwilligen und zum Tun bereiten Schülerinnen und Schüler, lebt damit im (von Gott Jesus verliehenen) Königtum des Menschensohnes (vgl. Mt 13,41), der am Ende der Zeit – wie der Menschensohn in Dan 7,13 – auf den Wolken des Himmels wiederkommen wird (vgl. Mt 24,30), um dann selbst Gericht zu halten – nach den Maßstäben, die er als Irdischer auf „dem Berg“ in seiner Bergpredigt als Gotteswillen verkündigt hat: die Gerechtigkeit als Barmherzigkeit zu praktizieren (vgl. Mt 25,31–46).

Die neue Ausrichtung eines alten Edikts
(2 Chr 36,22–23)

Der Universalkönig, der einer bestimmten Gruppe einen Auftrag erteilt – wie der Menschensohn Jesus seinen Schülern in Mt 28,19–20, erinnert bibelkundige Leserinnen und Leser an das Ende der Chronikbücher, wo es der Perserkönig Kyros ist, der durch Boten mündlich und per Edikt schriftlich verkünden lässt:

Der Herr, der Gott des Himmels, hat mir alle Reiche der Erde verliehen. Er selbst hat mir aufgetragen, ihm in Jerusalem in Juda ein Haus zu bauen. Jeder unter euch, der zu seinem Volk gehört – der Herr, sein Gott (wird sein) mit ihm –, der soll hinaufziehen. (2 Chr 36,23)

Zur situativen Verortung: Israel ist seit 587 v. Chr. in Babylon im Exil. Nach knapp 50 Jahren wird Babylon von den Persern erobert. Mit dem neuen Herrscher Kyros ändert sich auch die Religionspolitik. Er schickt die exilierten Juden in ihr Land zurück, bekannt als die Befreiung aus dem babylonischen Exil 539 v. Chr. Dazu erlässt Kyros ein Edikt, das gemäß unserem Text drei Teile hat:

- *Legitimationsnachweis*: von Gott bevollmächtigter Universalherrscher.
- *Auftrag*: Tempelbau in Jerusalem, stellvertretend durchzuführen durch die Heimkehrer.
- *Zusage des Beistandes*: Gott ist mit jedem, der heimkehrt.

Mt 28,18–20 zeigt die gleichen Bestandteile in der gleichen Reihenfolge, allerdings fallen inhaltliche Akzentverschiebungen auf:

- *Legitimationsnachweis*: Auch Jesus hat von Gott verliehene Vollmacht, allerdings nicht nur über die Königreiche der Erde, sondern auch über die der Himmel.
- *Auftrag*: Die Schüler sollen nicht nach Jerusalem zurückkehren – und den (auch zur Zeit der Entstehung des Matthäusevangeliums) zerstörten Tempel wieder aufbauen, sondern hinausgehen in alle Welt, zu *allen* Völkern, sie taufen und sie – in Stellvertretung Jesu – alles lehren, was er ihnen aufgetragen hat.
- *Zusage des Beistandes*: Denen, die das tun, wird der Beistand Jesu verheißen. Er erweist sich dadurch als der „Emmanuel“, von dem es in Mt 1,23 heißt: „Sie

(also die Schüler) werden ihn Emmanuel nennen, das heißt: Gott ist zusammen mit uns".

Ist das in Mt 28,18–19 aufgerufene Kyrosedikt am Ende der Chronikbücher zum Zentrum hin nach Jerusalem, zentral auf den Tempelneubau ausgerichtet, spurt der Universalherrscher Jesus seine Schüler am Ende des Matthäusevangeliums zentrifugal in Richtung Völkerwelt ein. Anstelle eines Neuanfangs (nach dem Exil) über den Tempelbau in Jerusalem, vom Kult her, gibt Jesus den Impuls zum Neuanfang (nach der Zerstörung des Tempels durch die Römer 70 n. Chr.) durch einen *Lehrtempel*, der durch die Verkündigung seiner Schüler entsteht, die seine Weisungen in die Welt tragen.

Wie der „Lehrtempel" Jesu gedacht ist

Zwei Elemente werden in Mt 28,19–20 (gleichberechtigt) genannt: der Ritus der Taufe auf den Namen Jesu (in alten Manuskripten fehlt z. T. die trinitarische Formel) und die Katechese, die aufgreift, was Jesus seinen Schülern aufgetragen hat, also vor allem seine Lehre am Berg (Mt 5 – 7). Das Weltregiment des Königs Jesus besteht also darin, dass seine Lebensweisungen unter den Völkern dieser Erde bekannt gemacht – und in erster Linie vorgelebt werden, nämlich die „bessere Gerechtigkeit", die Barmherzigkeit praktiziert. Dabei wird im Matthäusevangelium sichergestellt, dass diejenigen, die als Lehrer auftreten, selbst immer Schüler des Königreichs der Himmel bleiben (vgl. Mt 13,52; 23,8–10), also selbst immer neu lernen müssen, was es bedeutet, sich Jesus als

Menschensohn-König zu unterstellen und unter seinem Regiment zu leben.

Eine Reaktion der Schüler auf das Jesus-Edikt wird im Matthäusevangelium nicht erzählt. Aber von den anderen Bergszenen, insbesondere von der Verklärungserzählung her, erwarten die Lesenden, dass die Schüler wie dort vom Berg in die Niederungen des Alltags gehen und mit ihrem Leben dafür Propaganda machen, sich mit der eigenen Lebensführung ebenfalls als Bürger des Königreichs des Menschensohnes zu outen.

AUSEINANDERGEHEN *UND* BEIEINANDERBLEIBEN

Elemente für einen geistlichen Abschluss

Einführung

Wenn man eine ganze Woche lang miteinander verbracht hat, sich gegenseitig kennengelernt (und schätzen gelernt), viel voneinander erfahren, miteinander Berge bestiegen und die eine oder andere Schwierigkeit gemeinsam durchstanden hat, also zu einer richtigen „Seilgemeinschaft" geworden ist, fällt es schwer, wieder auseinanderzugehen, in verschiedene Richtungen abzureisen, ohne zu wissen, ob man sich wieder einmal sieht, miteinander in Kontakt bleibt …

Vielleicht fällt das Auseinandergehen etwas leichter, wenn man weiß: Uns hält eine gemeinsame Vision zusammen, ein gemeinsamer Auftrag, den jede und jeder an ihrem und seinem Platz ausführen muss, aber immer das Gefühl haben darf, an einer gemeinsamen Sache zu arbeiten und so auch mit den anderen verbunden zu bleiben.

In diesem Sinn dürfen wir den Aussendungstext des Matthäusevangeliums auch auf uns selbst beziehen: als gemeinsamen Auftrag, die Lebensweisungen Jesu unter die Leute zu bringen, indem wir sie selbst vorleben – ein schönes Erkennungszeichen, in dem wir uns verbunden fühlen dürfen.

Austausch

Offene Anhörrunde (ohne Diskussion) zu folgenden Impulsfragen:

- Was mir in dieser Woche aufgegangen ist …
- Woran ich noch länger denken werde …
- Was für mich schwierig war …
- Was mir fehlen wird …
- Was ich unbedingt in Erinnerung behalten möchte …
- Was ich auf jeden Fall beibehalten möchte …
- Und was ich schon die ganzen Tage sagen wollte …

Evangelium: Mt 28,16–20 (S. 136)

Das Evangelium in meine Heimatsprache „übersetzen"

Nach einer Stille folgende Aufforderung: Jede und jeder möge die Zusage Jesu: „Und siehe: Ich selbst bin zusammen mit euch alle Tage bis zur Vollendung der Weltzeit" in seinem Heimatdialekt allen vorsprechen, am besten auch mit für die Gegend typischen Wendungen.

Komm, Herr, segne uns

M u. T: Dieter Trautwein, Strube Verlag GmbH.

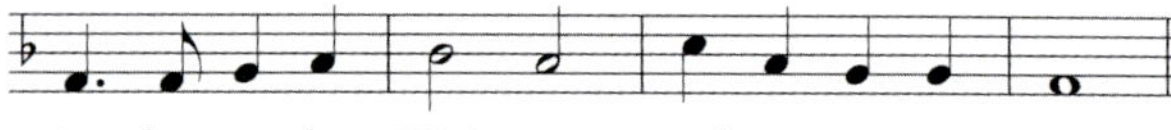

2 Keiner kann allein Segen sich bewahren. / Weil du reichlich gibst, müssen wir nicht sparen. / Segen kann gedeihn, wo wir alles teilen, / schlimmen Schaden heilen, lieben und verzeihn.

3 Frieden gabst du schon, Frieden muss noch werden, / wie du ihn versprichst uns zum Wohl auf Erden. / Hilf, dass wir ihn tun, wo wir ihn erspähen – / die mit Tränen säen, werden in ihm ruhn.

4 Komm, Herr, segne uns, dass wir uns nicht trennen, / sondern überall uns zu dir bekennen. / Nie sind wir allein, stets sind wir die Deinen. / Lachen oder Weinen wird gesegnet sein.

Dr. Martin Ebner wurde 1983 zum Priester geweiht. Bis zu seiner Emeritierung 2019 war er Professor für Exegese des Neuen Testaments in Münster und Bonn. In zahlreichen Vorträgen, Seminaren, Aufsätzen und Büchern gelingt es ihm, die biblischen Texte lebendig mit den Fragen von heute in Beziehung zu bringen.

Quellenverzeichnis

Die Bibelzitate aus dem Alten Testament sind entnommen aus: Einheitsübersetzung der Heiligen Schrift, © 2016 Katholische Bibelanstalt GmbH, Stuttgart. Alle Rechte vorbehalten.

Die Bibelzitate aus der Septuaginta, der griechischen Übersetzung des Alten Testaments, richten sich nach: Septuaginta Deutsch. Das griechische Alte Testament in deutscher Übersetzung, hg. v. Wolfgang Kraus und Martin Karrer, © 2008 Deutsche Bibelgesellschaft, Stuttgart. (S. 108/109/121)

Die Bibelzitate aus dem Neuen Testament hat der Autor selbst übersetzt.

Klaus Hemmerle, Acht Seligkeiten für Pfarrgemeinderäte. Brief an die Mitglieder der Pfarrgemeinderäte (Dezember 1978), in: Klaus Hemmerle, Hirtenbriefe, hg. v. Karlheinz Collas, Aachen (Einhard) 1994, © Bistum Aachen, S. 202–204. (S. 58)

Renate Hinterberger-Leidinger, für einen moment, © www.bibelwerklinz.at. (S. 77)

Hans Magnus Enzensberger, „Nimbus", aus: Kiosk. Neue Gedichte, © Suhrkamp Verlag, Frankfurt am Main 1995. Alle Rechte bei und vorbehalten durch Suhrkamp Verlag, Berlin. (S. 99)

Dietrich Bonhoeffer, Widerstand und Ergebung, in: Dietrich Bonhoeffer, Werke, Band 8, Gütersloh (Gütersloher Verlagshaus) 1998, S. 204–205. (S. 119)

Arnfrid Astel, Die Amsel fliegt auf, der Zweig winkt ihr nach, Heidelberg (Das Wunderhorn) 1984, www.zikaden.de. (S. 141)

Sydney Carter, Präsens. Dein heiliges Hörensagen ist kein Beweis, Galliard GmbH 1968. (S. 142)

Bilder:
S. 13, 29, 51, 71, 81, 135: Dr. R. Stiksel, www.bibelwerklinz.at
S. 93: Doris Ebner
S. 113, 151: Mag. Hans Hauer, www.bibelwerklinz.at

Wir danken für die freundliche Genehmigung zum Abdruck. Nicht in allen Fällen war es möglich, die Rechtsinhaber zu ermitteln. Wir bitten um Hinweise an den Verlag.

Nachhaltige Produktion ist uns ein Anliegen; wir möchten die Belastung unserer Mitwelt so gering wie möglich halten. Über unsere Druckereien garantieren wir ein hohes Maß an Umweltverträglichkeit: Wir lassen ausschließlich auf FSC®-Papieren aus verantwortungsvollen Quellen drucken, verwenden Farben auf Pflanzenölbasis und Klebestoffe ohne Lösungsmittel. Wir produzieren in Österreich und im nahen europäischen Ausland, auf Produktionen in Fernost verzichten wir ganz.

Mitglied der Verlagsgruppe „engagement“

Umschlaggestaltung, Layout und digitale Gestaltung: Tyrolia-Verlag
Titelbild: Dr. Reinhard Stiksel
Druck und Bindung: Florjancic, Maribor
ISBN 978-3-7022-4094-3
E-Mail: buchverlag@tyrolia.at
Internet: www.tyrolia-verlag.at